CONTESSA DI CASTIGLIONE

Catharina Berents

CONTESSA DI CASTIGLIONE

Die Femme fatale des Second Empire

Ein Essay mit 29 Illustrationen,

einem Tafelteil mit 36 Abbildungen

und der deutschen Übersetzung
eines Textes von Robert de Montesquiou
aus *La Divine Comtesse,*
Paris 1913

Schirmer/Mosel

Contessa di Castiglione
Die Femme fatale des Second Empire

Einleitung

Virginia Oldoini, Contessa di Castiglione (1837–1899) kam Ende 1855 zu einem Verwandtenbesuch nach Paris, begleitet von ihrem Ehemann und mit hohen Empfehlungen für den Hof Napoleons III. versehen. Ihr geheimer Auftrag bestand darin, den Kaiser zu verführen und für die Sache der italienischen Unabhängigkeit zu gewinnen. Das letztere Anliegen ließ sich nicht sofort verwirklichen, das erste schon: vom Februar 1856 bis zum April 1857 war die Contessa die Geliebte des Kaisers. La Castiglione agierte also von Anbeginn in doppelter Mission. Sie reiste als junge Ehefrau, um Verwandte zu besuchen, steckte aber ebenso in der Rolle der Agentin, der politischen Strategin. Die Rollen zu wechseln, buchstäblich wie ihre Kleider – ihre aufwändigen Roben wurden bis zur Perfektion durchgestaltet –, das war einer der großen Lebensinhalte der schönen Gräfin.

1856 kam sie auch in Kontakt mit Pierre-Louis Pierson, dem Mitbesitzer des Ateliers Mayer & Pierson, das der Kaiser und der ganze Hof zu dieser Zeit bereits regelmäßig frequentierten. Pierson wurde ihr Erfüllungsgehilfe, die dritte Hand hinter den über 400 »Selbstportraits«, die während der nächsten vierzig Jahre entstanden. Eine berühmte Aufnahme der Contessa als »Königin des Herzens« hat Pierson 1867 auf der Weltausstellung in Paris in der Abteilung für französische Fotografie ausgestellt; ansonsten blieb das größte Rollenspiel im Medium der Fotografie Privatsache – nur an Freunde und Freundinnen wurden gelegentlich Alben mit solchen Bildern verschenkt.

Die fotografische Praxis des Hofes war sicher der initiale Anstoß für das Projekt der Contessa. Der Hof Napoleons III. war der erste durchfotografierte Hof Europas: Vor allem das Carte-de-visite-Format von Disdéri trug dazu bei, dass man den Hof »sammeln« konnte, in immer neuen Fotokärtchen von alten und neuen Größen, vom Kaiser über die Palastdamen bis zum hohen Beamten. Diesem Sammeltrieb gab die Contessa kein Material. Es mag der Überlieferung geschuldet sein, aber auffällig ist schon, dass sie in den Alben und im Carte-de-visite-Format nicht vertreten ist, wo sie doch eine Zeitlang Favoritin des Kaisers war und auch danach groß Furore machte – ständig beobachtet von dem, was wir heute Klatschpresse nennen. Wahrscheinlich war sie populär genug, um nicht auch noch in Sammelalben für sich Werbung zu machen.

Die Inszenierungen und das Theatralische des Hofes kamen ihrem Vorhaben jedoch sehr entgegen. Der Hof, fast aus dem

Nichts geschaffen, aber des Vorläufers in der Zeit des ersten Napoleon eingedenk, hatte seinen eigenen Stil, an dem die Contessa beinahe von Anfang an mitwirkte. Es gab die großen Bälle in den Tuilerien und die vier bis fünf Wochen dauernden Veranstaltungen im Schloss von Compiègne, bei denen der Hof mit verschiedenen Bevölkerungsgruppen zusammentraf. Man könnte verallgemeinernd sagen: An beiden Orten kam es zu »Auftritten«. In diesem »Fach« brillierten hochrangige Damen und echte Schauspielerinnen. Die Adressaten waren der Kaiser, wenn es um eine Favoritinnenrolle ging, und das Gefüge des Hofes, das sich in jeder Saison neu justieren musste, was die zum ersten Mal und die wieder zugelassenen, die anerkannt schönen und die gewohnt exzentrischen Damen anging. In Compiègne galt das ebenfalls, aber dort wurde auch echtes Theater gespielt und zwar von den Mitgliedern des Hofes und den Gästen der jeweiligen Woche: Sketche, Scharaden und die besonders beliebten *Tableaux vivants,* lebende Bilder. Dazu wurden dann auch Kostüme getragen.

Die Contessa, die ganz auf sich gestellt als *Prima assoluta* agierte, hat dieses Miniaturtheater mit und ohne Hof ihr Leben lang fortgesetzt. Ihre Kunstform war die von Frauen im 18. Jahrhundert entwickelte *Attitude,* die zwei Dingen zu körperlichem Ausdruck verhalf: einem Gefühl beziehungsweise einer Stimmung und einer meist vorgegebenen historischen Rolle – oft kam beides zusammen. Zur Ausdruckskunst trug von Anfang an die Sprache der Kleidung und der Accessoires bei, aber da Theater und Attitude seit achtzig Jahren ihre Akteure und Akteurinnen in historisch korrekte Kostüme einkleideten, stellte sich nun bei einer Allein- und Selbstunterhalterin wie der Contessa di Castiglione die Frage: In welchem Stil soll ich auftreten? Und bei einer zeitgenössischen Attitude war zu klären: Welche Mode wähle ich beziehungsweise durch welchen neuen Akzent mache ich Mode?

Es ging der schönen Gräfin also vor allem darum, zu zeigen, mit welcher Variationsbreite und mit welchem Facettenreichtum sie ihre Rollen buchstäblich bekleiden konnte.

Angesichts dieser Rahmenbedingungen muss man sich das Projekt der Contessa di Castiglione als eine große Gegenaktion zur Disdéri'schen Idee vorstellen. Damit reservierte sie sich einen exklusiven Zugang zu dem neuen Massenmedium – mit eigenem Fotografen und eigenem Programm. Letzteres ist aus der Grundtatsache »Vervielfältigung« erwachsen: während Disdéri die kleine Serie gewissermaßen für die Jackentasche etablierte, steigerte sie ihr Anliegen ins Monumentale und Manische. Die Contessa hatte dem Format »Serie« den Weg bereitet – unbemerkt, denn die ersten Serienkünstler der Moderne wie Monet werden sich kaum mit ihr befasst haben. Aber es passt sehr gut, dass zuerst eine mondäne Frau, die am Hof und in der *demi-monde* zu Hause war, das Fach Serie bediente und dann erst die Getreideschober in Serie gingen.

Die Contessa di Castiglione betritt die Bühne
Oder: Venus steigt vom Olymp herab

Als Virginia Oldoini Verasis zusammen mit ihrem frisch angetrauten Ehemann Herzog Francesco Verasis di Castiglione (1826–1867) am 25. Dezember 1855 in Paris eintraf, eilte ihr der Ruf voraus, von unsagbarer Schönheit zu sein.

Pauline Fürstin von Metternich, als Gattin des österreichischen Botschafters in Paris und enge Vertraute des französischen Kaiserpaares, Napoleon III. und Kaiserin Eugénie, eine zentrale Persönlichkeit der Gesellschaft bei Hofe, zeigte sich zutiefst beeindruckt von dieser fast überirdischen Erscheinung:

> »Beim Anblick dieses Wunders an Schönheit verschlug es mir offen gestanden die Sprache. […] Sie hatte die anmutige Gestalt einer Nymphe; ihr Hals, ihre Schultern, ihre Arme und ihre Hände […] schienen wie aus rosa Marmor gemeißelt! Das Dekolleté war zwar gewagt, wirkte aber keineswegs anstößig, denn dieses herrliche Geschöpft glich einer antiken Statue! Ihr Gesicht entsprach ihrer übrigen Erscheinung: ein wunderbar ebenmäßiges Oval, ein Teint von unvergleichlicher Frische, dunkelgrüne Samtaugen; Brauen, die aussahen, als entstammten sie dem Pinsel eines Miniaturmalers […] Zähne, die wie Perlen schimmerten! – Mit einem Wort, Venus, vom Olymp herabgestiegen, eine Schönheit, wie ich sie nie zuvor gesehen habe und wahrscheinlich nie wieder sehen werde!«[1]

Die Contessa di Castiglione, die in ihrem Heimatland Italien am Hof von Turin bereits in der großen Gesellschaft eingeführt war – mit Vittorio Emmanuele verband sie eine sporadische Affäre –, bewegte sich auch in Paris souverän auf höfischem Parkett. Sich ihrer Wirkung bewusst und gesteuert von einer ausgeprägten narzisstischen Neigung, zog sie alle in ihren Bann. In den Erinnerungen General de Fleurys, Oberhofkavalier des Kaisers, hatte sich die Castiglione ganz ähnlich verewigt. Auch er sprach von göttlicher Schönheit, aber er erkannte ebenso wie Pauline Metternich ihre Charakterschwächen. »Vollkommenheit ist leider nicht von dieser Welt, und auch der Gräfin Castiglione fehlte etwas Wesentliches, nämlich der Charme!«[2], betont die Metternich, und Fleury berichtet, dass sie fast nie mit Frauen sprach und nur auserwählte Männer mit einem Lächeln bedacht wurden, es sei denn, der Kaiser und die Kaiserin näherten sich, dann veränderte sich ihr Gesichtsausdruck augenblicklich: »Ihr Lächeln gab ihre schönen Zähne preis, und ihre Augen leuchteten. Jede Geste, jede Bewegung schien einstudiert wie bei einer Schauspielerin. Sie schien in ihrer unendlichen Eitelkeit sagen zu wollen, dass sie von einer anderen Welt sei.«[3]

Der offizielle Anlass für den Aufenthalt des Ehepaars Castiglione in Paris war der Besuch bei Graf Alexandre und seiner Gemahlin Maria Anna Walewska, einer Cousine der Contessa. Graf Walewski, ein Cousin Napoleons III., stand in den Diensten des Auswärtigen Amts. Der eigentliche Grund für die Paris-Reise der Contessa aber war ein Hilfegesuch des Premierministers von Vittorio Emanuele II., Camillo Cavour. In seinem Streben, Italien in der Folge des Krimkrieges, in dem die italienischen Truppen an der Seite Frankreichs gegen Russland gekämpft hatten, endlich unter der Krone Savoyens zu vereinigen, erhoffte er sich Unterstützung von der Contessa. Sein Plan bestand darin, die betörende Schönheit der Castiglione einzusetzen. Es war bekannt, dass Napoleon III., Herrscher über das Second Empire, der er seit 1852 war, eine Schwäche für das schöne Geschlecht hatte. »Cavour kannte und schätzte als Vermittler der Familien Oldoini-Castiglione ihre anpassungsfähige und herrschsüchtige Klugheit, er sah voraus, daß sie ihm eine ausgezeichnete Hilfe bei seinen diplomatischen Erfolgen sein würde. Er beauftragte sie, nach Frankreich zu reisen, am Hofe Napoleons zu glänzen, sich dort festzusetzen, sich beharrlich zu behaupten und den Kaiser zu den bestimmten Maßregeln zu bewegen, die man von ihm erhoffte. Dies war ihre Aufgabe, die Wahl der Mittel stand ihr frei.« So beschreibt Frédéric Loliée die Mission der Castiglione in seiner Romanbiografie, die 1912 erstmals in Frankreich erschien und auf dem bis dato unveröffentlichten Briefwechsel der Castiglione basiert. »Zwingen Sie den Erfolg, liebe Cousine, durch welche Mittel Sie wollen, aber siegen Sie!«[4]

Anlässlich eines Balls am 9. Januar 1856, den die Prinzessin Mathilde Bonaparte, Cousine des Kaisers, ausrichtete, führte man die Contessa di Castiglione am französischen Hof ein und machte sie mit dem Kaiser und seiner Gemahlin Eugénie bekannt. Cavours Plan ging auf, nach mehreren Treffen ließ Napoleon sich auf eine Liaison mit der schönen Gräfin ein, nun konnte sie im Hinblick auf die politische Zukunft Italiens Einfluss auf das Staatsoberhaupt Frankreichs ausüben.[5]

Es waren die großen Bälle der höfischen Gesellschaft von Paris, die den Rahmen für die Auftritte der Contessa stellten. Sie boten einerseits die Anlässe, eine aufwendige Garderobe vorzuführen, und andererseits Fotografien davon anfertigen zu lassen.

Einer ihrer größten Erfolge, oder sagen wir besser ihrer größten Skandale, stellt ihr Erscheinen auf dem Maskenball der Walewskis im Auswärtigen Amt am 17. Februar 1857 dar (ABB. 1). Zu diesem Zeitpunkt befand sich die Contessa di Castiglione auf dem Höhepunkt ihrer gesellschaftlichen Karriere am französischen Hof, seit etwa einem Jahr unterhielt sie eine Liebschaft mit dem Kaiser.

Aus den Tagebucheintragungen des Kunstliebhabers und Bonapartisten Horace de Viel-Castel[6] spricht zum einen große Begeisterung angesichts des extravaganten Kostüms der Contessa, die sich als Herzdame, damit also als Favoritin des Kaisers präsentierte, zum anderen aber auch tiefe Empörung über dessen unangemessene Freizügigkeit:

> »Die Comtessa de Castiglione, von der alle sagen, sie sei aufs Engste mit dem Kaiser verbunden, hatte das phantasievollste und gewagteste Kostüm gewählt, das man sich vorstellen konnte. Das Kostüm, halb Louis XV, halb zeitgenössisch, trug den Titel Herzdame. Die Röcke, die über dem darunter getragenen Unterrock hochgerafft waren, sowie die Korsage waren von aneinandergereihten großen

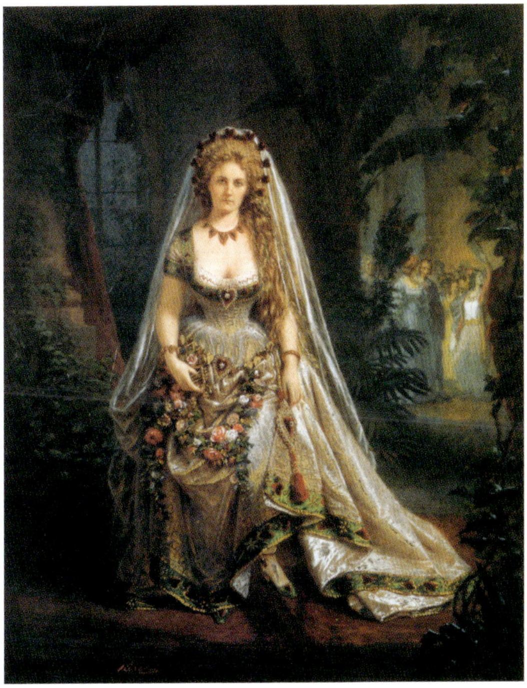

ABB. 1
Pierre-Louis Pierson/Aquilin Schad
Die Herzkönigin, 1861–63
Salzpapierabzug, Gouache
57,3 x 44, cm

> Herzen eingefasst. Die wunderbare Frisur der Comtessa umspielte ihre Schläfen, ihre Stirn und fiel kaskadenartig über ihren Hals.«[7]

Es war zu dieser Zeit in Paris keineswegs üblich, als Dame der Gesellschaft offenes langes Haar zu tragen. Vermutlich hatte die Contessa diesen neuen Trend aus England mitgebracht, wohin sie in diesen Jahren des Öfteren zu reisen pflegte, um ihre Freundin Lady Holland oder den im Exil lebenden Heinrich von Orléans zu besuchen. Denken wir an die üppigen Haartrachten der weiblichen Figuren in den Bildern von Dante Gabriel Rossetti oder Edward Burne-Jones, die in der Mitte des 19. Jahrhunderts den englischen Kunstmarkt eroberten, so ist die Castiglione in der Tat eine Erscheinung zwischen Ancien Régime und ihrer Gegenwart. Die Damen am Hofe Napoleons III. trugen keine offenen Haare. Wie bei dem wichtigen Vorbild in Sachen Mode, Marie Antoinette, spielten Haare zwar eine sehr große Rolle, aber sie wurden onduliert, in Locken gelegt und zu phantasievollen Frisuren hochgesteckt. Wirklich skandalös jedoch erschien der freizügige Ausschnitt des Kleides der Contessa, der tiefe Einblicke in ihr Décolleté gewährte:

> »Die Comtessa trug ihre gewichtige Schönheit ungeniert zur Schau, sie bot sie ganz vorsätzlich im Detail allen Blicken dar, man kann das eigentlich nicht mehr ein Dekolleté nennen, vielmehr muss man von der Nacktheit ihres Busens sprechen, der von einem Hauch Gaze kaum bedeckt war, man konnte den Umriss und alle Details wahrnehmen, und der Teil, den die Gaze nicht bedeckte, erstreckte sich über die gesamte Brust.«[8]

Viel-Castell mutmaßte sogar, dass die Contessa keine Korsage trug, und verglich sie mit Aspasia[9], einer Kurtisane der antiken Mythologie, denn sie stelle ihre Vorzüge derart freizügig zur Schau, dass die männlichen Gäste des Balls sich fragen mussten, mit wem der Kaiser seine Maitresse wohl teilte.[10]

Die Fotografie der *Dame de Coeur* entstand zwischen 1861 und 1863 – also einige Jahre, nachdem der Ball stattgefunden

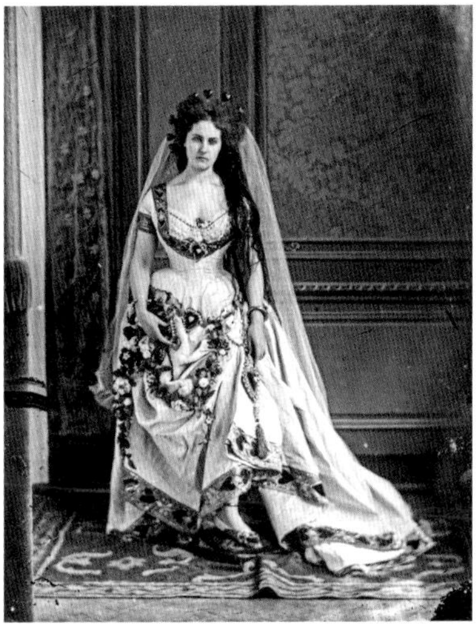

ABB. 2
Pierre-Louis Pierson
Die Herzkönigin, 1861–63
11,8 x 8,8 cm (TAFEL 3)

hatte – im Atelier von Mayer & Pierson, das 1855 seine Geschäftsräume am Boulevard des Capucines eröffnet hatte. In dieser Zeit wurden zahlreiche Fotoateliers in Paris gegründet, aber die Allianz von Pierre-Louis Pierson und Léopold Ernest Mayer und seinem Bruder Louis Frédéric vereinte besondere Fähigkeiten im Bereich der Portraitfotografie, und schon bald war das Fotoatelier Mayer & Pierson die erste Adresse in Paris. Bereits wenige Jahre nach seiner Krönung zum Kaiser, gab Napoleon III. ein Portrait von sich bei Mayer & Pierson in Auftrag. Zahlreiche Portraits von Kaiserin Eugénie folgten und auch die Adelshäuser der europäischen Nachbarländer nahmen die Dienste des Ateliers in Anspruch, das sich unter anderem auch auf handkolorierte Portraitfotografien spezialisiert hatte.

Die hier abgebildete Fotografie, mit den Maßen 57,3 x 44 cm, wurde von dem bayerischen Künstler Aquilin Schad koloriert und mit einer märchenhaften Szenerie hinterlegt. Schad stand in den Diensten des Ateliers Mayer & Pierson und war ein gefragter Maler und Illustrator bei der Kundschaft, er arbeitete zumeist in Gouache. Während die im Atelier entstandene Fotografie als Hintergrund eine schlichte hölzerne Wandverkleidung zeigt (ABB. 2), platzierte Schad seine Protagonistin in eine dunkle, gotisch anmutende Architekturlandschaft. Am rechten Bildrand erscheint in der Tiefe eine Abendgesellschaft, ein Hinweis auf den Anlass der Fotografie, den Kostümball von 1857 im Auswärtigen Amt. Der Künstler rahmte diesen Blick, ganz ähnlich den Interieurs von Carl Blechen, mit Palmgewächsen und Ranken. So ist eine seltsame Mischung aus mittelalterlichem und exotischem Flair entstanden. Obgleich die Contessa das Bild beherrscht und beinahe dynamisch auf den Betrachter zugeht, ihn direkt anschaut, hat sie doch durch das transparente weiß-gold schimmernde Kleid und das offene wallende blonde Haar etwas Elfenhaftes. Die Blumenbordüren, mit denen ihr Kleid besetzt ist, tun ein Übriges und machen sie zu einer Gestalt, die der Natur entsprungen zu sein scheint.

Es ist merkwürdig, dass die Contessa di Castiglione auf dem Höhepunkt ihrer gesellschaftlichen Anerkennung bei einem so wichtigen Ball im Auswärtigen Amt nicht aufwendiger und kostspieliger gewandet war: keine Juwelen und Diamanten, stattdessen Blüten und Blätter, Samtherzen und Troddeln. »Die Gräfin Castiglione in Toilette, besonders in Phantasiekostümen, war […] ein Ereignis für die Geschichte der Pariser Geselligkeit. Ihre Kunst, sich zu kleiden, war erfindungsreich und voller Überraschungen. Ob sie eine erlesene Einfachheit wählte, um die

Augen derer zu verblüffen, die auf das Gegenteil gefaßt waren, oder ob sie es darauf anlegte, eine allgemein auffallende Wirkung zu erzielen, immer zeigte sie eine eigenartige Note mit einem Hauch von Sonderbarkeit, den sie stets besessen hatte. Mitunter liebte sie es, statt blitzender Juwelen, Blumen und Blüten als Schmuck zu verwenden. [...] Ihr Geschmack war hierbei nicht ganz einwandfrei, sondern eher eigenartig und abenteuerlich. [...] So hatten einige ihrer Maskenkostüme für die Bälle in den Tuilerien oder in den Ministerien eine gewisse Berühmtheit erlangt. Beim Grafen Walewski war viel die Rede von ihrem Kostüm als ›Herzdame‹.«[11]

Auch Robert de Montesquiou räumt diesem Kostüm in seiner 1913 erschienenen zweibändigen Biografie *La Divine Comtesse* großen Raum ein, er spitzt die Interpretation noch zu:

> »Das Kostüm der Herzdame, das, wie es heißt, der Schauspieler Mario zusammengestellt hat, ist [...] weiß, eingefasst mit grünen und goldenen Satinbändern, von denen sich aneinandergereihte rote Samtherzen abheben. Diese Herzen werden an allen möglichen Stellen wieder aufgegriffen, als Strahlenkranz, Halskette, Brosche, Armband, Fächer, ja sogar auf den Schuhen, wo sie als Schnallen fungieren. Außerdem gibt es Blumenketten und Ringketten, all das bewirkt eine simple Allegorie, eine wenig tiefgehende Symbolik, ein zweifelhaftes Schmuckwerk, doch muss es zur damaligen Zeit ziemlich schön einerseits und ziemlich verurteilenswert andererseits gewirkt haben.«[12]

Mit dem Symbol des Herzens, das auf ihrem Kleid zu einem Superzeichen geraten ist, macht sich die Contessa di Castiglione selbst zu einem semiotischen Element: Sie ist die Favoritin, die Geliebte des Kaisers, die zukünftig die politischen Geschicke Frankreichs aus der Hinterhand leiten wird. Pierre de Lano, ein bekannter zeitgenössischer Beobachter des französischen Adels, bildet in seiner Schrift *Les Femmes et Napoléon* die Contessa di Castiglione als Spielkarte, als Herzdame ab. »Mit ihr war sein Spiel scheuer, leichter, sein kaiserliches Prestige verschwand, schmolz dahin in der Vertraulichkeit eines Mannes, der alles vergaß, was nicht sein Idol war; mit ihr war er naiv und albern wie ein Heranwachsender und genoss es.«[13] In den Händen der Contessa schrumpfte Napoléon III. also offenbar zum Schuljungen.

Der französische Kunstsammler und Schriftsteller Robert de Montesquiou (1855–1921) war ein lebenslanger Bewunderer und Verehrer der Castiglione. In seiner Biografie behauptet er, 434 verschiedene Portraits von ihr zu besitzen. »Wenn ich sage unterschiedlich, so meine ich im Detail abweichend, sei es, dass eine Proportion sich änderte, dass es eine Retusche mit Bleistift oder Gouache gab, mithilfe derer eine Vergrößerung oder Abstufung erzielt wurde, wie man damals sagte.«[14]

Montesquiou erwarb 1901 anlässlich der Versteigerung des Hab und Guts der zwei Jahre zuvor verstorbenen Gräfin diese große Anzahl von Fotografien, ebenso eine Reihe persönlicher Gegenstände wie den Spiegel aus ihrem Ankleidezimmer, diverse Kleider, Schuhe und Accessoirs.[15] Seine Obsession für die vom Narzissmus geprägte Gräfin, die gewissermaßen das weibliche

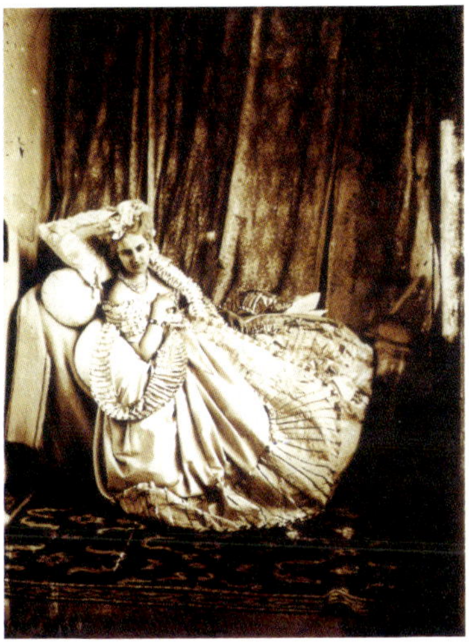

ABB. 3
Pierre-Louis Pierson
Die Contessa di Castiglione, Passy, nach 1860
Glasnegativ, 11,6 x 9 cm

Äquivalent zu seiner Lebensphilosophie als Dandy und Lebemann darstellte, beschäftigte ihn über Jahre und mündete in diesem Opus magnum, das bemerkenswerterweise mit einer Abbildung ihres Schlafgemachs einsetzt, hier inszeniert im Atelier von Pierson (ABB. 3).

Ein weiteres sensationelles Kostüm erregte nicht nur die gesteigerte Aufmerksamkeit Montesquious: Am 9. Februar 1863, erschien die Contessa di Castiglione auf dem Kostümball im Schloss in den Tuilerien als Königin von Etrurien, eine Phantasiegestalt, die sich auf Maria Luisa von Spanien bezog, die zwischen 1801 und 1807 Königin von Etrurien war, das Napoleon I. aus dem Großherzogtum Toskana für den parmesischen Erbprinzen Ludwig, dem Ehemann Maria Luisas, geschaffen hatte. Natürlich wählte die Contessa diese Rolle für sich auch deshalb aus, weil sie einen Hinweis auf ihre Herkunft aus Florenz dar-

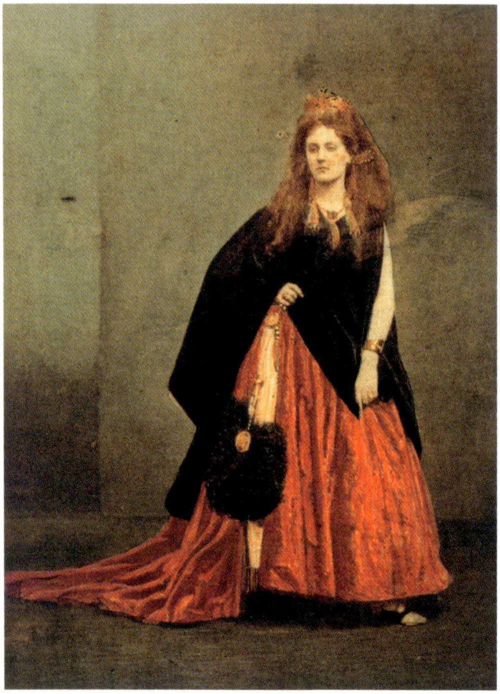

ABB. 4
Pierre-Louis Pierson/
Aquilin Schad
Die Königin von Etrurien, 1864
Albuminabzug, Gouache
59 x 42,3 cm

stellte. Um diesen Auftritt rankten sich zahlreiche Gerüchte, die sich zu einem regelrechten Skandal ausweiteten. (ABB. 4)

Die von Pierson nach dem Ball angefertigte Aufnahme, wie die *Herzdame* koloriert von Aquilin Schad, zeigt die Contessa in einem Kostüm, inspiriert von der italienischen Schauspielerin Adelaide Ristori in der Rolle der Medea.[16] Die Schauspielerin kann in dieser Zeit als eine wichtige »Influencerin« in Sachen Mode gelten: »In diesem Jahr 1859 und in den Folgejahren machten ›Suaven‹-, ›türkische‹ und griechische Westen Furore, ebenso wie ›Figaros‹ und ›Ristoris‹.«[17] Die Contessa trägt eine Tunika aus schwarzem Samt, darunter ein seidenes Kleid mit Krinoline in orangefarbenem Moiree. Collier, Ohrringe und Diadem, gefertigt aus vergoldetem Kupfer, setzen in Anlehnung an etruskische Formen das Mäanderband als Motiv ein. Von ihrem linken Handgelenk baumelt ein Fächer aus golden eingefassten Straußenfedern. Das goldblonde Haar[18] der Contessa fällt in Kaskaden über ihre Schultern. Sie streckt ihren linken Fuß hervor, so dass man erkennen kann, dass sie barfuß ist und Sandalen mit goldenen Verzierungen trägt, und »ihre Arme waren bis zu den Schultern nackt und mit Armbändern, die Goldschlangen darstellten, geschmückt, an den Zehen trug sie Ringe!«.[19] Auch wenn hier vielleicht die Phantasie mit Pauline von Metternich durchgegangen ist, so zeigt sich doch, wie wirkmächtig die Farbe Gold und die daran geknüpften Botschaften waren. Das Gold der Königin von Etrurien, bzw. die Farbe Gold für Schmuck und Accessoires, golden ist auch ihr Kleid durchwirkt, lassen eine Assoziation an die Goldmetapher in Blazacs Roman *Das Mädchen mit den Goldaugen* aufkommen. Sind es in Balzacs Roman die Augen der Sklavin Paquita Valdès, die das vor allem sexuelle Interesse des Protagonisten Henri de Marsay, Aristokrat und Dandy – man beachte die klare soziale Hierarchisierung der Figuren – erwecken, so stehen sie doch auch für die Gier nach Geld, Gold und Macht der oberen Pariser Gesellschaftsschicht, die Balzac im ersten Teil seines Romans sittenbildhaft charakterisiert. »Und vor allem: was mir am meisten aufgefallen ist, wovon ich noch jetzt ganz berauscht bin, das waren zwei Augen, gelb wie Tigeraugen, ein Goldgelb, das glänzt, lebendiges Gold, heißfühlendes Gold, Gold, das liebt – und durchaus in deine Tasche gelangen will!«[20]

Die amerikanische Literaturwissenschaftlerin Shoshana Felman richtet analog zu Freud einen stark psychoanalytischen Blick auf die Geschichte:

»Henri wird hier eindeutig von den goldenen Augen des Mädchens angezogen, weil sie für ihn das Zeichen weiblichen Begehrens und weiblicher Sexualität sind, die wirkliche Verkörperung von Weiblichkeit per se. […] Paradoxerweise ist das Gold als Metapher des höchsten Wertes gleichzeitig Bild von *Besitz* und *Aneignung*, durch das die Frau […] auf ein bloßes *Objekt* reduziert wird, dessen einzige Funktion darin besteht, vom Manne in Besitz genommen und besessen zu werden. Doch die von Henri evozierte Metapher des Goldes, das in seine Tasche gelangen möchte, ist noch zweideutiger, insofern sie eine eindeutige erotische Konnotation trägt […].«[21]

Das Kostüm der Contessa bildet mitsamt ihrem goldenen Theaterschmuck im Gegensatz zur Erscheinung der Paquita eine fast gepanzerte unnahbare Schutzschicht, die ihre Figur bis auf die nackten Arme nahezu vollständig kaschiert und damit der Phantasie des Betrachters freien Lauf lässt. Die Rivalinnen der höfischen Bühne, Montesquiou, die Klatschpresse, alle haben eine Phantasie dazu: Was verbirgt sich unter den opaken Stoffmassen? Ein Hinweis, um im analytischen Duktus zu bleiben, scheint in jedem Fall an den Straußenfederbusch des Fächers geknüpft zu sein, den wir als Symbol für ihr Geschlecht lesen können. Aber die Contessa di Castiglione führte das Balzac'sche

Frauenbild ab absurdum. Sie war es, die sich die Männer aussuchte und in Besitz nahm, sie brachte ihren aristokratischen Status mit, und sie war es auch, die sich der Güter und Reichtümer ihrer Männer bemächtigte. Ihr Ehemann, der Graf von Castiglione scheute keine Mühen, »die Perle der Schönheiten Italiens« zu beeindrucken. »Jeden Tag bemühte er sich, ihr neues Entzücken zu schaffen. Bei diesen Spielereien hoher Herren ruinierte er sich zur Hälfte. Der Preis ihrer Freuden war zu hoch. Aber dieser Kavalier klagte nicht, mit seinem letzten Dukaten schien ihm das seltene Glück nicht zu teuer erkauft [...]«[22]

Um dieses Kostüm, diesen Auftritt am Hof des Kaisers, rankten sich derart viele Gerüchte – man munkelte in Erwartung des großen Ereignisses, dass die Contessa di Castiglione wie Flauberts Salambô vor Mâtho in transparenter violetter Gaze in Erscheinung treten würde[23], andere Stimmen behaupteten gar, sie sei nackt gekommen[24] –, dass der damit verbundene Skandal ein Leben lang an ihr haften blieb. Ausgangspunkt dieser üblen Nachrede war eine Verwechslung mit der aus Petersburg stammenden Varvara Rimsky-Korsakov, die sich zur selben Zeit wie die Castiglione in Paris aufhielt und in denselben Kreisen verkehrte, ja sogar ebenfalls eine Liaison mit dem Kaiser hatte und der Contessa an Eleganz und Extravaganz in nichts nachstand. Sie war, kurz gesagt, eine Rivalin auf dem gesellschaftlichen Parkett des Paris der 1860er Jahre. Einige Tage nach dem Ball in den Tuilerien, wo die Castiglione als Königin von Etrurien erschienen war, kam die Rimsky-Korsakov auf dem Kostümball der Walewskis im Auswärtigen Amt in der Rolle der Salambô, jener

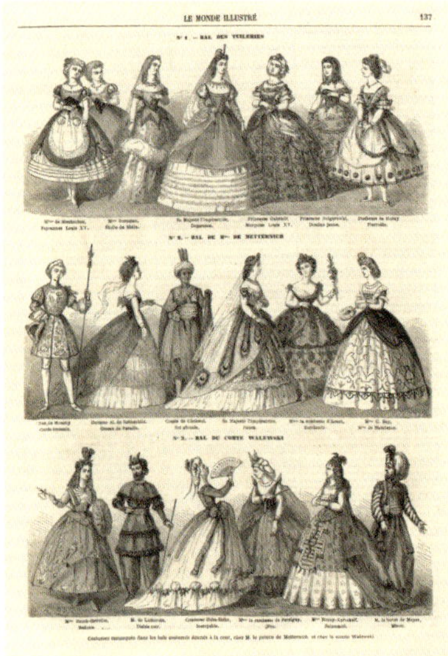

ABB. 5
Varvara Rimsky-Korsakov als Salambô
In: *Le Monde illustré,* 28. Febuar 1863
(untere Reihe, zweite von rechts)

Protagonistin, Tochter eines karthagischen Feldherren, aus dem gleichnamigen Historienroman von Gustave Flaubert, der 1862 erschienen und in der Gesellschaft bereits zu einem Bestseller avanciert war.[25] Es war also gewissermaßen eine dreifache Verwechslung: die Rimsky-Korsakov, Flauberts Salambô und die Contessa als eine Art Amalgam der Vergnügungsgesellschaft des Second Empire. Aber eigentlich müsste diese Kategorie gut zum Selbstbild der Castiglione gepasst haben: eine sagenumwobene künstliche Figur, deren Charaktereigenschaften sich aus Literatur, Idealvorbildern, Illusionen und Gerüchten speiste. (ABB. 5)

So verwundert es nicht, dass die Contessa, die sehr an Kunst und Kultur interessiert war, selbst mehrere Sprachen sprach und literarisch gebildet war, auch die Oper liebte. In der Opéra Nationale de Paris sorgte sie regelmäßig für Aufsehen, aber sie pflegte auch Kontakt zu den Schauspielern, die einen nicht unerheblichen Einfluss auf ihre Kostümwahl anlässlich der großen Pariser Maskenbälle ausübten.

> »Sie hatte diese Wahl für ihr Kostüm [das der Königin von Etrurien, C.B.] zusammen mit Mario de Candia getroffen, dem fürstlichen Sänger und großartigen Almaviva. Sie hatten zusammen alles bis auf die kleinste Einzelheit besprochen. Und sie war im Festsaal majestätisch wie eine Königin erschienen, so wie sie es geplant hatte, aber ganz anders als die sinnverwirrende Erscheinung, deren Anblick man zu genießen erhoffte. Es gab Staunen und etwas Enttäuschung, aber dennoch viel Bewunderung für den vornehmen und prächtigen Eindruck, den sie hervorrief. Trotz des lebhaften Widerspruchs der ›Königin von Etrurien‹, blieb die Legende bestehen. Auf immer blieb Frau von Castiglione in der Erinnerung vieler Leute mit der Salambô verschmolzen.«[26]

Robert de Montesquiou lässt zur Ehrenrettung seiner *Divine Comtesse* die Figur des Maître Cléry sprechen: »Sie trug ein sehr strenges Kostüm, das vollkommen züchtig war, es war das der Königin von Etrurien. Sie wollte, dass es in Erinnerung blieb, und ließ durch Carrier-Belleuse eine Statuette anfertigen, die sie in diesem Gewand zeigt. […] Auf den Sockel hat sie mit Bleistift in ihrer großen Handschrift, von der mir ein ganzer Band vorliegt, geschrieben: ›Kostüm, das ich zum Ball in den Tuilerien getragen habe.‹«[27]

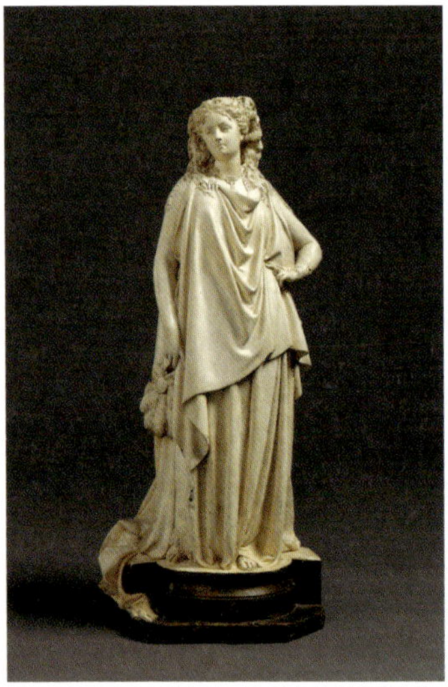

ABB. 6
Albert-Ernest Carrier-Belleuse
Statuette der Königin von Etrurien, 1864
Terrakotta, bemalt, mit bronzefarbenen Highlights, 71 x 32 x 25 cm

Obwohl Montesquiou die Glaubhaftigkeit Maître Clérys nicht anzuzweifeln wagte, erörtert er die Möglichkeit, dass die Beobachtungen Clérys einige Tatsachen aussparten. Warum sonst sollte ebenfalls auf dem Sockel der Statuette von Albert-Ernest Carrier-Belleuse (1824–1887)[28] (ABB. 6) vermerkt sein: »Für Maître Cléry, meinen Verteidiger gegen die Legende von Nacktheit.« Montesquiou spekuliert darüber, »dass die Tuniken recht weit geschnitten und keineswegs eng anliegend waren, sodass die Trägerin derselben ganz nach ihrem Wunsch und wie es ihr gefiel, indem sie sich bückte oder aufrichtete, tiefe und lange Einblicke gewähren oder aber seidene Schranken für die Blicke errichten konnte.«[29]

Betrachtet man die Statuette der Contessa als Königin von Etrurien, so kann man die Überlegungen Montesquious nachvollziehen, mehr noch als auf der Fotografie von Pierson: Die nur an den Schultern leicht geraffte Tunika gibt den Blick auf ihre nackten Arme frei und evoziert beinahe in ihrer Leichtigkeit, ganz anders als die schwere samtene Tunika, die sie tatsächlich getragen hat, dass die Hüllen jeden Moment fallen könnten. In jedem Fall bemerkenswert ist jedoch, dass Montesquiou seiner »Göttlichen« hier buchstäblich auf den Leib rückt und sie damit auf gewisse Weise dann doch von ihrem Sockel herunterholt. Denn alles, was die Contessa ausmacht, ob sie als Herzdame, Einsiedlerin von Passy, Anna Boleyn oder als Königin von Etrurien auftritt, ihr Körper ist die Projektionsfläche ihrer Inszenierung, nicht, wie man vermuten könnte angesichts der so oft gewählten theatralischen Gestalten, die Kulisse. Pierson fotografierte sie zumeist vor neutralen Hintergründen, schlichten Wandverkleidungen oder manchmal sogar nur vor abgehängten Leintüchern. Und selbst wenn bei den kolorierten Exemplaren von Schad eine Szenerie aus Architekturfragmenten, Landschaft oder Interieur hinzugefügt wurde, bleibt sozusagen das Kostüm und damit der Körper der Contessa beherrschend im Bild.

Die dritte Fotografie, *L'Érémite de Passy* (ABB. 7), der Montesquiou ebenfalls ein ausführliches Kapitel widmet, entstand anlässlich eines Wohltätigkeitsballs der Baronin von Meyendorff, der am 16. April 1863 im Hôtel Meyendorff stattfand.[30] Der Skandal um den vermeintlichen Auftritt der Gräfin in der Rolle der freizügigen Salambô zwei Monate zuvor am Hof war in der feinen Gesellschaft noch präsent, und so erhoffte man sich von ihrem Erscheinen viele Gäste, die großzügig spendeten. Frédéric Loliée[31] beschreibt ebenso wie Pauline von Metternich[32] in ihren

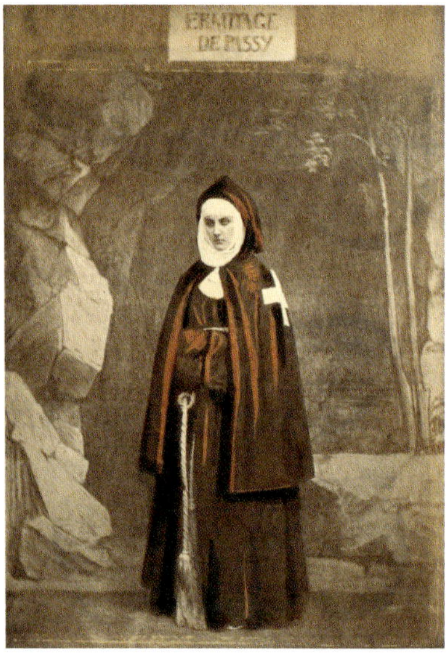

ABB. 7
Pierre-Louis Pierson/unbekannter Maler
L'Érémite de Passy, 1863
Albuminabzug, Gouache, 12 x 8,5 cm

Erinnerungen, dass die Aufführung lebender Bilder, sogenannter *Tableaux vivants*, am Hof in den Tuilerien sehr beliebt war, da sie dem Kaiser große Freude bereiteten; in einem Nebensalon im kaiserlichen Schloss stand stets eine kleine Bühne für solche Inszenierungen bereit. So wurden *Tableaux vivants* natürlich auch sehr gerne in der gehobenen Pariser Gesellschaft aufgeführt. Bei den Meyendorffs hatte man eine »glanzvolle Gesellschaft geplant, die einem wohltätigen Zwecke dienen sollte«.[33] Die Gräfin von Castiglione war für einen großen Auftritt eingeladen, was sich natürlich wie ein Lauffeuer verbreitete und durch die Gazetten ging. »Von einem Salon zum anderen wurde erzählt, daß Frau von Castiglione im leichtesten Gewande erscheinen werde und den Blicken des Publikums, den Armen zuliebe, die Vollkommenheiten ihres Körpers preisgeben werde, die man bisher nur in ihren Ballkleidern ahnen konnte.«[34]

Derlei Gerüchte gingen natürlich auch an unserer Protagonistin nicht vorüber, und so hatte sie sich wohl überlegt, wie auf dieses Gerede zu reagieren war. Montesquiou berichtet davon, dass sie sich erbeten hatte, nur am dritten Tag des Balls als lebendes Bild in Erscheinung zu treten. Als sie dann am verabredeten Tag im Hôtel Meyendorff ankam, ließ sie sich zunächst mit der Erklärung, dass es ihr sehr schlecht ginge, in ein abgetrenntes Appartement führen. Sie beabsichtige, die Gesellschaft lediglich für ihren Auftritt mit ihrer Anwesenheit zu beehren. Montesquiou gibt die Stimme der Organisatorin des Balles wieder:

> »Ich für meinen Teil wundere mich nicht über ihre Launen, halte mich streng an ihre Wünsche und versuche nicht einmal, sie zu sehen … Schließlich naht der Augenblick ihres Auftritts. […] Die Grotte war ihr natürlich zugestanden worden, und man nahm an, die Schöne würde sie nutzen, um sich als Druidin zu präsentieren; daher war die Spannung im Saal auf dem Höhepunkt: […]
>
> Der Vorhang geht auf. Und Verblüffung, Enttäuschung machen sich überall breit. Die Schöne der Schönen, die Erwartete, Ersehnte ist da, in der Grotte, unter einem Eremitenkostüm, das sie von Kopf bis Fuß verbirgt. Und ein Papierschild ist über ihrem Kopf befestigt, auf dem ›Eremitage von Passy‹ steht.«[35]

Man kann sich gut vorstellen, wie groß die Enttäuschung und der Aufruhr im Saal waren: Statt in durchsichtigen Hüllen erschien die Gräfin »in dem härenen Gewand einer Nonne, das in häßlichen Falten ihren Körper umschloß, das Haupt in der verhüllenden Kapuze, der ehrwürdigen Behausung der Einsiedlerin angepaßt. [...] Der Ärger war umso lebhafter, als es sich hier nicht nur um eine Enttäuschung der Augen handelte, sondern um eine Art Verlust; die Spender der Wohltätigkeit hatten die ihnen zugesagte Augenweide nicht genossen, die sie großzügig vorausbezahlt hatten, und beklagten sich bitter.«[36]

Montesquiou beziffert 40 bis 50 Tausend Francs zu Gunsten der Armen für diesen kurzen Auftritt.[37]

Das Leben als *Tableau vivant*: Die *Attitüden* der Contessa di Castiglione

Die Verbindung zu Pierre-Louis Pierson, dessen Atelier die Contessa erstmals im Juli 1856 betrat, spielt die entscheidende Rolle, was die Überlieferung der unzähligen Facetten und *Attitüden* der schönen Italienerin anbelangt. Ich greife bewusst den Begriff der von Lady Hamilton geprägten »Attitudes« auf, die uns aus Darstellungen um 1800 zum Beispiel von Pietro Antonio Novelli überliefert sind. Schließlich handelt es sich bei Emma Hart/Hamilton wie Virginia Oldoini/di Castiglione um eine Form der Selbstinszenierung, die mit dem Körper operiert, ein Körperbild, das die Ausdruckskraft des Körpers zur Kunstform erhebt. (ABB. 8) Mit dem grundlegenden Unterschied, dass die Contessa in den Sitzungen bei Pierson wegen der langen Belichtungszeiten oft

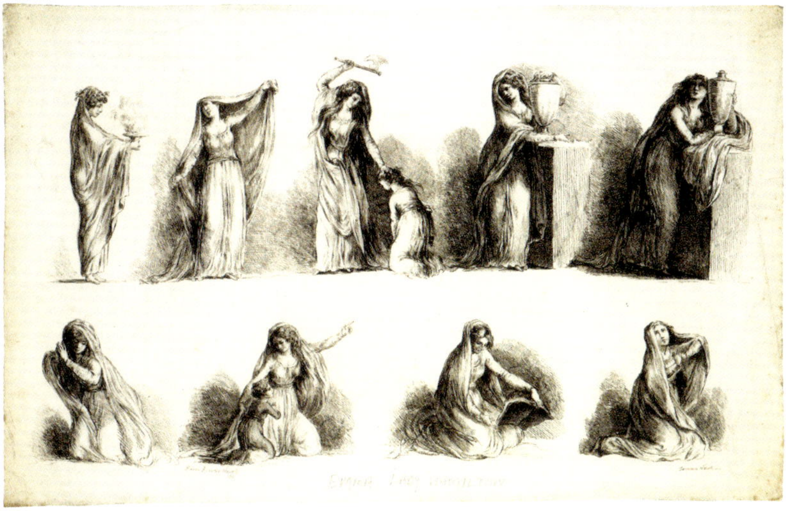

ABB. 8 Pietro Antonio Novelli, Lady Hamilton, *Attitudes*, 1791

sehr lange stillhalten musste, während Lady Hamilton, ausgestattet mit »ein paar Shawls«, wie Goethe es von seinem Besuch in Caserta bei dem Kunstliebhaber und Sammler Sir William Hamilton berichtete, eine Vielzahl von Attitüden pro Auftritt darbot: »Stehend, knieend, sitzend, liegend, ernst, traurig, nekisch, ausschweifend, bußfertig, lokend, drohend, ängstlich pp. eins folgt aufs andere und aus dem andern.«[38]

Lady Hamilton, als Teil eines Tableau vivant, hatte den Bühnenrahmen verlassen und wurde dem Anspruch des lebenden Bildes mehr als gerecht. Denn, so Beate Söntgen, ging es hier »nicht um die Bewunderung eines vollkommenen Bildes, sondern um die Szene der Bildwerdung selbst [...]«[39]. Die Contessa hingegen füllt in den Fotografien von Pierson stets prominent ihren »Bühnenrahmen« gewissermaßen an vorderster Front. Und sie kommt keineswegs mit ein paar Shawls aus, sondern es sind die großen Toiletten – die Mode der Zeit, das historische Kostüm, die opulente Verkleidung –, die ihren Selbstdarstellungen erst wirklich Ausdruck verleihen. Denn: »Das Tableau vivant ist vor allem eine Demonstration der Körper, der ganzen Körper, die dekoriert und emblematisch ihre Verwandlungsfähigkeit behaupten.«[40] Für die eigentliche Gattung des Tableau vivant, die in dieser Zeit in Frankreich so beliebt war, hatte die Castiglione nicht viel übrig, das hatte ja bereits ihr Auftritt als Eremitin von Passy gezeigt. Dennoch können wir diese Kunstform als eine Art Lebenskonzept der Contessa di Castiglione betrachten, wie Montesquiou bestätigt: »Das Leben dieser Frau war ein großes Tableau vivant, das immerwährende Tableau vivant.«[41]

So versteht sich von selbst, dass in ihren ganz persönlichen »lebenden Bildern« stets sie die Hauptrolle spielte. Sie wählte das Medium der Fotografie, um diese Bilder, die ihre Schönheit und Extravaganz dokumentieren, für die Ewigkeit zu konservieren. Das traditionelle lebende Bild hingegen geriet nach einer gewissen Zeit wieder in Bewegung und löste sich auf, beziehungsweise wie im Falle der Attitüden der Lady Hamilton kam es niemals zum Stillstand. Der Akt des Fotografierens, die Inszenierung im Atelier, das Posieren, im Sinne Aby Warburgs gesteigert ausgedrückt das Einnehmen einer Pathosformel, ist als eine Art lebendes Bild zu bezeichnen: »Auch das Modell im Atelier verkörpert ein Tableau vivant. Es ist nicht nur der menschliche Übungskörper für den Künstler. Er wird auch geschmückt und verkleidet […].«[42] Im Falle von Pierson, dem Fotografen, man könnte auch sagen dem Künstler, war es aber so, dass das Modell die Regie für Ausstattung, Schmuck und Pose innehatte. War im 18. Jahrhundert zur Zeit Goethes und Lady Hamiltons das Tableau vivant Ausdruck von Bildung, Kunst- und Kulturbeflissenheit – man stellte die Gemälde der Salons nach, die gerade en vogue waren –, ging es im 19. Jahrhundert, als diese Darbietungsform wieder groß in Mode kam, mehr um die Repräsentation des Einzelnen. »Es war«, so Sabine Folie und Michael Glasmeier, »die gebildete Selbstinszenierung des Reichtums schlechthin, konnten sich hier doch Dilettanten aufspielen, ohne sich sonderlich anstrengen zu müssen. Es galt lediglich eine bestimmte Pose einzunehmen. Den Rest besorgten kostspielige Kleidung und Requisiten.«[43] Rollen wurden so vergeben, dass sie zu den Akteuren passten. Die Contessa di Castiglione wies sich diese Rollen, historische Persönlichkeiten, aber auch Pathosformeln und gestische Szenen, mit schlafwandlerischer Sicherheit selbst zu. Sie erschien als Königin von Etrurien (ABB. 4) oder Anne Boleyn (ABB. 9), aber eben auch als Rächerin, Mörderin, Trinkerin und Trauernde (ABB. 10–12). »Die Werke der Countess de Castiglione« sind, um noch einmal Folie und Glasmeier zu zitieren, »nicht nur eine Wiederaufnahme der Tableau vivant-Idee, sondern sie gehen über den bloßen Akt der Nachstellung hinaus, indem sie […] ihre Personnage zu Heldinnen und Helden einer Bilderzählung machen […]. Es entstehen Fotos, die dem Reich einer nostalgischen Melancholie verpflichtet sind, einer Schönheit, die auf der Suche nach sich selbst ist und dabei die

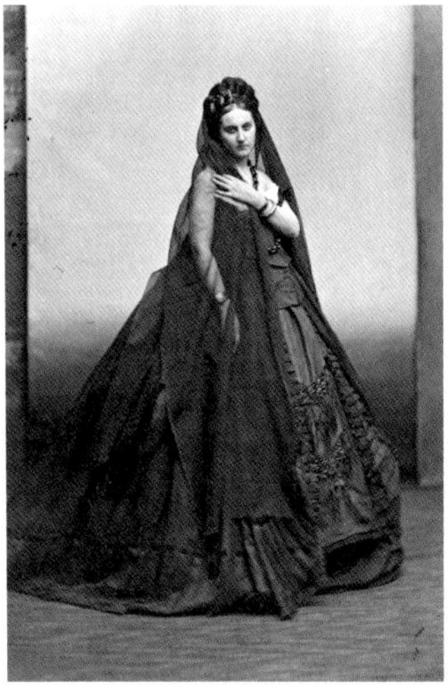

ABB. 9 Pierre-Louis Pierson
Die Contessa di Castiglione als Anne Boleyn
La Voilée (*Der Schleier*), 1861–67 (TAFEL 7)

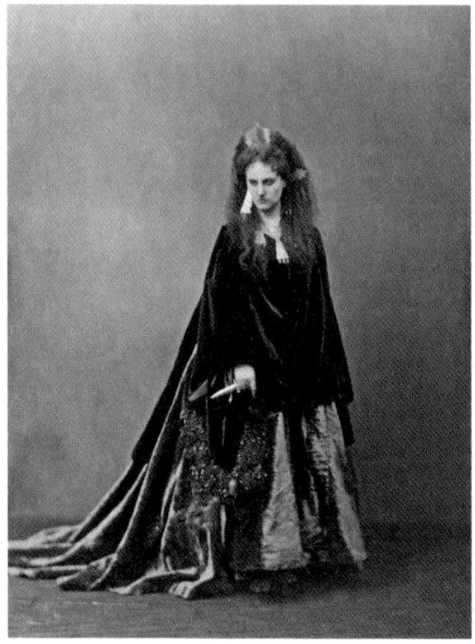

ABB. 10 Pierre-Louis Pierson
Die Contessa di Castiglione als Rächerin,
1863–67 (TAFEL 19)

Jahrhunderte durchschreitet. Mit solcher von nun an künstlerisch zu nennenden Fotografie verwandelt sich das Tableau vivant als Medium bürgerlicher Selbstrepräsentation in ein Medium, in dem sich Sehnsüchte, Wünsche, Hoffnungen und Begehren jenseits der Religionen und Anstandsregeln, aber auch jenseits eines Kultes von Malerei und Genie schnell und praktikabel formulieren lassen.«[44]

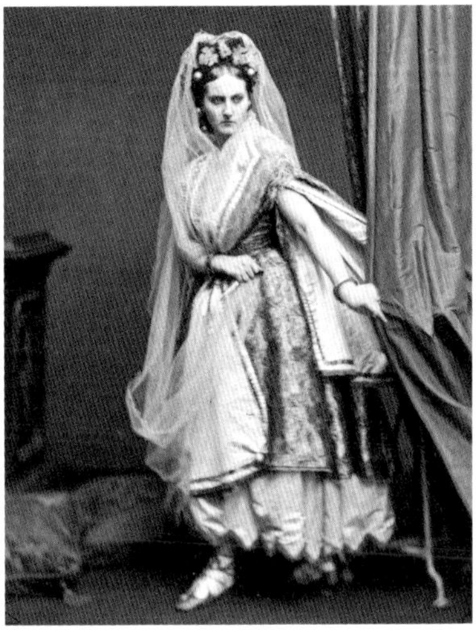

ABB. 11 Pierre-Louis Pierson
Die Contessa di Castiglione als
Mörderin *Judith*, 1861–67 (TAFEL 21)

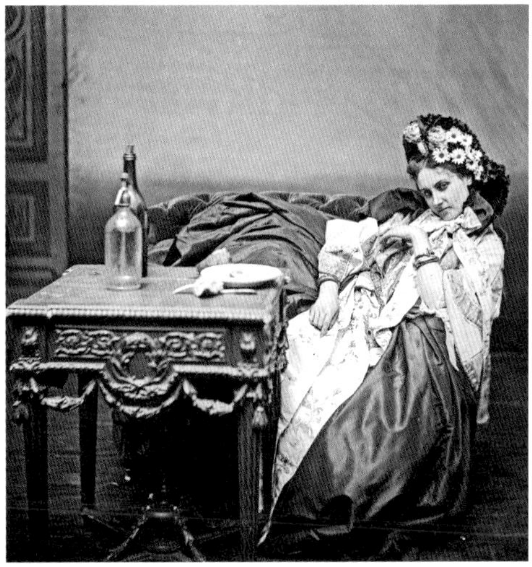

ABB. 12 Pierre-Louis Pierson
Die Contessa di Castiglione als Trinkerin
Minuit, (Mitternacht), 9 Heurs, 1861–67 (TAFEL 22)

Zwischen Koketterie und Distanz, Moderne und Tradition: das *Tableau vivant* als historistisches Medium

Die Fotografie *Le Regard* (ABB. 13), ein von Montesquiou vergebener Titel, ist das großartige Resultat einer der ersten Besuche der Contessa di Castiglione im Jahr 1856 im Atelier Meyer & Pierson. »Ich möchte als unvergleichlich unter den Portraits, die mir die liebsten sind, dasjenige hervorheben, das ich *Le Regard* (*Der Blick*) nenne. Es ist unfassbar, strahlend in Richtung des Betrachters, frontal aufgenommen, die Dame neigt sich nach vorn und ihre halb entblößte Brust erhebt sich aus einer Flut schwarzen Tülls, vor der sich die perfekte Rundung ihrer Arme abhebt.«[45] Dabei steht die helle Haut der Contessa in starkem

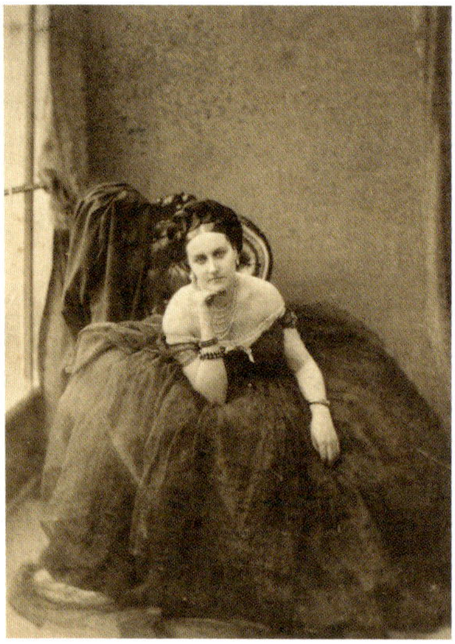

ABB. 13
Pierre-Louis Pierson
Die Contessa di Castiglione *Le Regard* (*Der Blick*), 1856/57 (TAF. 1)

Kontrast zu den dunklen Textilien und verstärkt ihre Präsenz, Offenheit und Direktheit, mit der sie sich dem Betrachter zuwendet.

Montesquiou hebt vor allem die Schönheit ihrer Arme hervor, ihr rechter Unterarm erwecke die Assoziation an einen reifen Pfirsich. Mit diesem Arm stützt sie ihr Kinn ab, eine Pose, die wir zum Beispiel von Ingres, von seinen Portraits der Mme Moitessier (1856) oder seiner Ehefrau kennen – eine Pose, die wie die gesamte Haltung etwas Abwartendes und Kokettes zugleich hat, im Fall der Contessa auch etwas Herausforderndes. Es sind ihre Augen, die diese unmittelbare Präsenz im Bild bewirken und die einzufangen Pierson gelungen ist. Dieses erste Meisterwerk zeugt von der perfekten Harmonie zwischen Fotograf und Modell, aber zugleich auch davon, dass das Modell nichts dem Zufall überließ. Aus dem Bild spricht eine kühle Erotik, die, wie Kommentare von Zeitgenossen lauten, den Effekt eines »kalten Feuers« oder eines »tropischen Winters« evozieren.[46] Es ist ein Spiel zwischen Distanz und Nähe, Abwesenheit und Präsenz, das die Contessa perfekt beherrschte, ja zu ihrem Lebensideal machte. Sie hatte begriffen, dass es »würdelos [ist], sich unaufhörlich zu zeigen. Es ist nicht gut für diejenigen, die im Vordergrunde der Bühne stehen, den Geschmack des Publikums zu sehr an sich zu binden. Das sind Wahrheiten, für deren verschiedenartigen Gebrauch sie ein instinktives Verständnis hatte […].« Sie liebte es, »ein geheimnisvolles Dunkel um sich zu verbreiten und die Undurchdringliche zu spielen. […] An ihren schönsten Abenden in den Tuilerien genügte es, daß sie angekündigt wurde; sofort ging eine sonderbare Bewegung durch die festliche Gesellschaft.«[47]

Die großen Kostümbälle von Paris, zu denen die Contessa bis in die 1860er Jahre stets geladen wurde, gewährten ihr spektakuläre Auf- und Abtritte. Das Journal *Le Sport* berichtet am 9. April 1856 über ihr Erscheinen auf dem Pozzo di Borgo-Ball:

> »Um halb zwei erschien Madame la Comtesse de C. auf dem Ball, wo sie großes Aufsehen erregte. Der Augenblick ihres Auftritts war wunderbar ausgeklügelt, und nie haben mehr Vornehmheit, Geschmack, Großartigkeit, die sich in der Gesamterscheinung einer Toilette vereinten, mit so viel Berechtigung die Gemüter bewegt. Sie hatte ein monumentales Kostüm mit Reifröcken aus dem Jahrhundert Ludwigs xv. gewählt. Es bestand aus einem Rock mit Silberdrapierungen und Drapierungen aus roter Seide; über

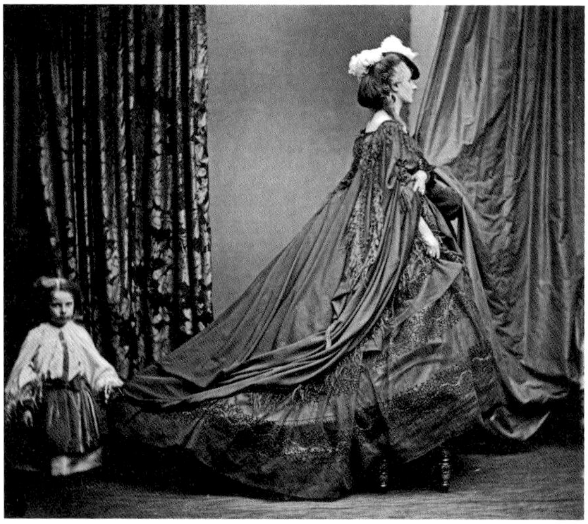

ABB. 14 Pierre-Louis Pierson, Die Contessa di Castiglione mit einem Kind (*Alta*), 1863–66 (TAFEL 10)

> den Schultern trug sie einen Samtmantel mit einer drei Meter langen Schleppe; er war blau gefüttert [...] Diamanten in Form von Reihern glitzerten an ihrem Haupt mit der Puderperücke, erstrahlten in Form eines Bouquets auf ihrer Corsage, als dreireihige Halskette, als Ohrringe und Broschen, zudem bildeten zahllose Perlen auf ihrem Mantel und ihrem Kleid deren Konturen nach.«[48]

Vermutlich zeigt die von der Contessa selbst so betitelte Fotografie *Alta* (ABB. 14), die im Rahmen einer ausgiebigen Fotosession im Atelier Mayer & Pierson zwischen 1863 und 1866 entstanden ist, das in der Zeitschrift beschriebene Ballkleid. Dass auch hier einige Jahre zwischen dem tatsächlichen Auftritt und der Entstehung der Fotografien liegen, spielt keine Rolle. Zu die-

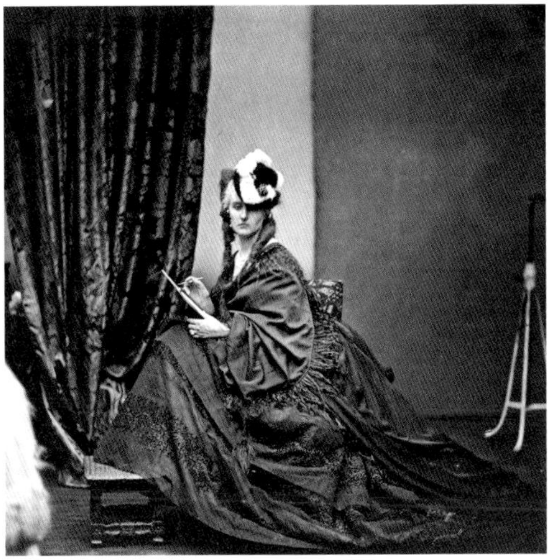

ABB. 15 Pierre-Louis Pierson, Die Contessa di Castiglione als Künstlerin, 1863–66 (TAFEL 11)

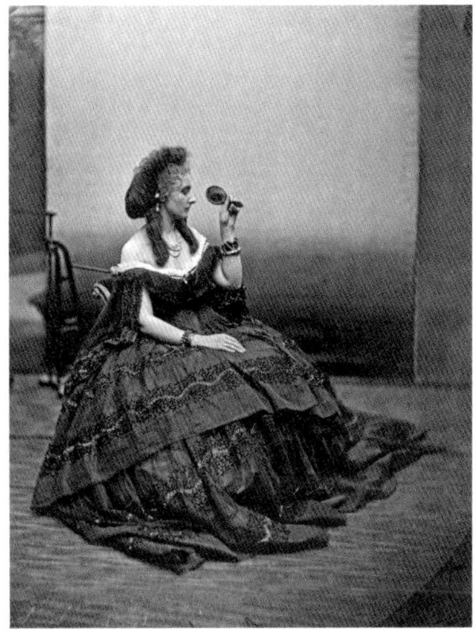

ABB. 16 Pierre-Louis Pierson, Die Contessa di Castiglione, 1863–66 (TAFEL 25)

ser Reihe von zumindest fünfzehn bekannten verschiedenen Posen (ABB. 15, 16) zählt auch die berühmte der *Scherzo di Follia* (TAF. 24), von der noch die Rede sein wird.[49]

Ein Jahr später, anlässlich des Mardi Gras-Balls, den die Prinzessin Mathilde im Februar 1857 gab, zu einem Zeitpunkt also, als die Liaison mit Kaiser Napoleon III. schon ihrem Ende entgegenging,[50] erschien die Contessa in einem Ballkleid, das es mit den Kostümen der Pompadour oder Madame du Barrys durchaus aufnehmen konnte (ABB. 17). Augenfällig ist hier ebenso wie bei dem Kleid, das sie auf der Fotografie *Le Regard* trägt, die Masse an Stoff, die von einer Krinoline moduliert wird.

Ich möchte die folgende Beschreibung Montesquious in ganzer Länge zitieren, da sie auf eindrucksvolle Weise die Stimmung dieser Fotografie wiedergibt, auf der man:

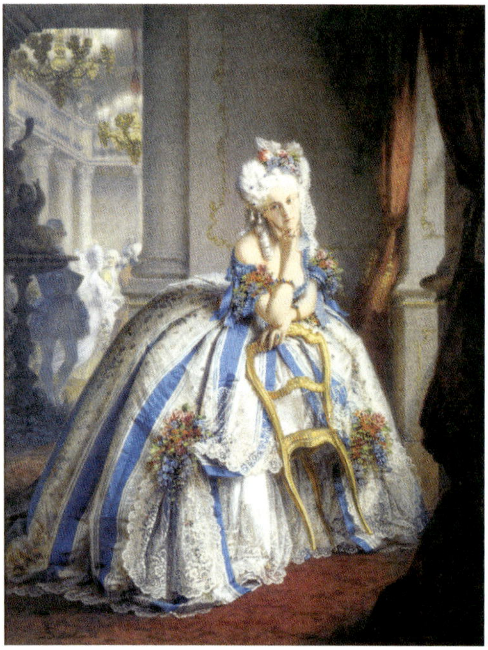

ABB. 17
Pierre-Louis Pierson/
Aquilin Schad
Die Contessa di Castiglione
als Marquise Mathilde,
1861–66
Salzpapierabzug, Gouache
53 x 40 cm

»eine Favoritin des vergangenen Jahrhunderts [sieht], wie man sie sich üblicherweise zur Zeit Napoleons III. vorstellte, das Kostüm vereint Elemente von Louis XVI mit Louis XV und dem Second Empire; der Rock bauscht sich üppig über der Krinoline, die den Reifröcken in nichts nachsteht; sein Stoff besteht aus dicht gewebter Seide, wie ich sie im Hôtel Drouot sah. Er ist breit gestreift, ein Streifen besteht aus blauem Satin, wenn ich mich recht erinnere, wohingegen der weiße aus Moiré gefertigt ist. Wo beide zusammentreffen, sind bunte Blumen im Pompadour-Stil eingewebt. Vorn hebt er sich mit der Rüschenschürze, die links und rechts gerafft und mit großen roten Blumenbouquets mit grünem Laub befestigt ist. Ähnliche

> Bouquets, natürlich entsprechend kleiner, zieren die Schultern. Ein sehr breiter Volant aus weißer Spitze umrahmt Rock und Rüschenschürze. Die Frisur ist üppig und gepudert. Links rahmt ein kleines Bündel ebenfalls weißer Spitzen das Gesicht, während rechts zwei große Trauben von Perlen baumeln. Am Scheitel prangt ein kleines Polster aus Tulpen und Vergissmeinnicht, über dem ein aus Steinen nachgebildetes Insekt schwebt. Die Schöne steht mit ein wenig nach vorn geneigtem Körper und stützt sich mit dem Ellbogen auf der Rückenlehne eines zierlichen, vergoldeten Stuhls ab, ein nachgeahmtes Rokoko-Stühlchen, gegen das sie ihre Knie lehnt. Das reizende Gesicht wird zart gestützt, geradezu präsentiert, von der untergelegten rechten Hand, deren gespreizte Finger dem Kinn zu schmeicheln scheinen, ohne dass die Wange sich in Falten legt. Im Hintergrund sieht man einen Ballsaal voller Tänzer, die ähnlich gekleidet sind. Ein junger Mann hebt sich aus der Menge ab, um die wunderbare Erscheinung von Weitem zu bewundern.«[51]

Die Contessa di Castiglione orientierte sich nicht von ungefähr an den Roben Madame de Pompadours, der *maîtresse en tître* Ludwigs XV., und Marie Antoinettes, der Gemahlin Ludwigs XVI., auch die Kaiserin Eugénie hatte eine Passion für das Ancien Régime. »Kaum ein regierendes Haupt hat […] so durchgreifend wie die Kaiserin Eugénie […] den Stil ihrer Epoche geprägt. Ihre Bewunderung galt der Königin Marie Antoinette und mit ihr dem Stil Louis-seize, in dem sie sich kleidete und einrichtete. Sie galt als Autorität in Sachen Geschmack, und so zeigt das Second Empire überall Elemente des späten 18. Jahrhunderts.«[52]

Die damals sehr populäre Abhandlung von Augustin Challamel, *Histoire de la Mode en France* von 1875 berichtet folglich:

> »Nach dem Beginn des Zweiten Kaiserreichs kamen die Moden des Ersten Kaiserreichs keineswegs sofort wieder auf, obwohl die Enthusiasten das mit aller Betonung vorhersagten. [...] Die Hochzeit Napoleons III. verhalf der Mode zu einem neuen Aufschwung, die Damen übertrafen sich gegenseitig darin, die Toiletten der Kaiserin nachzuahmen, die plötzlich das Maß für alle Variationen der weiblichen Mode vorgab. «[53]

Dieses Rekurrieren auf die großen Louis-Stile ist aber auch als Antwort auf die Regierungszeit des sogenannten Bürgerkönigs Louis-Philippe I. zu verstehen, in der das Bürgertum zu hohem Ansehen kam und die Industrialisierung in Frankreich in großen Schritten vorangetrieben wurde. Man sehnte sich nach den alten Ordnungen zurück, die spätestens mit der Thronbesteigung Napoleons III. im Jahr 1852 wiederhergestellt war. Die Vorherrschaft des Adels und die Rückeroberung von dessen Privilegien sollten in Lebensstil und Habitus zum Ausdruck gebracht werden. Wenn man bedenkt, dass ein Jahr zuvor, 1851, die erste große Weltausstellung in London stattgefunden hatte, die zum einen die Errungenschaften der Industrialisierung weltweit präsentierte, zum anderen aber als Konsumgüterschau von nie dagewesenem Ausmaß ein historistisches Formenrepertoire aufgerufen hatte, so lassen sich hier durchaus Parallelen ziehen. Es hat den Anschein, als äußere sich das dem Fortschritt und der Moderne gegenüber aufgekommene Unbehagen in einem ausgeprägten Historismus. Dass Virginia Oldoini Verasis di Castiglione sich in den alten Gesellschaftsstrukturen wiederfand, versteht sich von selbst, entstammte sie doch einer alten italienischen Adelsfamilie. Um so bemerkenswerter ist ihr Wechsel der Rollen in Bezug auf den französischen Kaiser: Während Marie Antoinette einen pompösen Lebensstil verfolgte und sich als »Königin der Mode«[54] feiern ließ, trat sie in die Fußstapfen der Pompadour. Marie Antoinette, »Prinzessin aus dem Hause Habsburg, rückte durch ihre Modesymbolik in die Rolle der königlichen Favoritin«.[55] Nicht selten war es tatsächlich so, dass die Geliebten der Herrscher einen sehr großen Einfluss auf die Geschicke und politischen Entwicklungen eines Landes hatten. »Die unheimliche Nähe zwischen Königin und Mätresse wird vielleicht im Petit Trianon am augenfälligsten«, wie Barbara Vinken beschreibt: »Der König hatte Marie Antoinette dieses Lustschloss 1774 geschenkt. Im kleinen Trianon hatten Ludwig xv. und dessen erste maîtresse en titre, Mme de Pompadour, ihre Feste gefeiert. Später war Mme du Barry ins Trianon eingezogen. Der Ort, den Marie Antoinette nun in Besitz nahm, war Ort der Lust des Königs. […] Weil Ludwig xv. durch Mme du Barry beherrscht werde, werde Frankreich – so die Schlussfolgerung, die in pornographischen Pamphleten gezogen wurde – von einer Hure regiert.«[56]

Als die Gräfin Castiglione von Cavour, ihrem Cousin, dem Premierminister von Piemont, nach Paris geschickt wurde, war es das Ziel, sie zur Favoritin, also gewissermaßen zur *maîtresse en titre* des Kaisers zu machen, um das Bündnis zwischen Frankreich und Italien zu stärken und die Einheit Italiens zu bewirken. Man kann es auch krasser ausdrücken, die Contessa wurde zur Hure gemacht. Und das geschah mit dem Einverständnis aller, auch ihres Gatten. »Virginie Castiglione hatte ein Code-Buch bekommen, um verschlüsselte Nachrichten nach Hause schicken zu können. Ihre Mission wurde durch ein Schreiben Cavours an seinen Außenminister in Turin offiziell bestätigt: ›Die Schöne Gräfin ist Angehörige der piemontesischen Diplomatie. Ich habe ihr nahegelgt, den Kaiser zu erobern, und wenn nötig, zu verführen.‹ [...] Als ein Teil ihrer ›Schulung‹ verbrachte Virginie die letzte Nacht vor ihrer Abreise nach Frankreich mit dem König Victor Emmanuel. Sie bestand die Prüfung.«[57]

Die schöne Gräfin – Favoritin der Mode

War Marie Antoinette eine Königin der Mode, so war die Contessa di Castiglione eine Favoritin der Mode. Nicht in erster Linie die außerordentliche Intelligenz, die man ihr zusprach, qualifizierte sie für diese Aufgabe, sondern ihre Schönheit und ihr Gespür für Eleganz.

Schneiderte vor allem der aus London nach Paris gekommene legendäre Charles Frederick Worth (1825–1895) für den franzö-

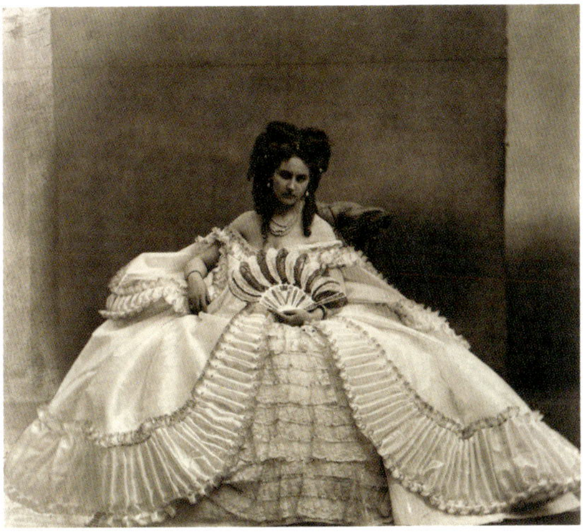

ABB. 18
Pierre-Louis Pierson
Elvira, 1861–67 (TAFEL 9)

sischen Hof Napoleons III., so nahm die Contessa di Castiglione die Dienste des berühmten Couturiers nur gelegentlich in Anspruch. Sie arbeitete mit der Schneiderin Mme Roger[58] zusammen und ließ sich vor allem durch das Theater und die Oper, von historischen Rollen wie etwa der der Medea, dargestellt von Adelaide Ristori, inspirieren. Sie hatte zu dem Opernsänger Giovanni Matteo de Candia, alias Mario de Candia, eine enge Beziehung, aus der, wie ich bereits beschrieben habe, Phantasiekostüme und historisch inspirierte Kompositionen hervorgegangen waren. Auch der Modehistoriker Augustin Challamel legte dar, wie groß der Einfluss beliebter Theater- und Opernfiguren für die Entwicklung der Mode dieser Zeit waren.[59]

Aber ihr Reüssieren am Hofe Napoleons verlangte natürlich neben ihren verspielt inszenierten und skandalumwobenen Auftritten auch die ganz großen Roben, und die garantierte Frederick Worth. Auf dem Portrait *Elvira*, entstanden zwischen 1861

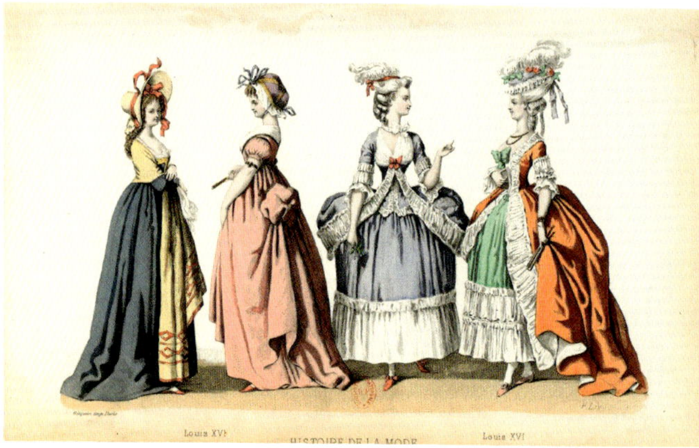

ABB. 19 Modekupfer zur Mode der Zeit von Louis V. und Louis VI., 1875
In: Augustin Challamel, *Histoire des La Mode en France. La Toilette des Femmes*

und 1867, posiert die Gräfin in einem spektakulären Ballkleid von Worth (ABB. 18). Das aus hellem Stoff gefertigte Kleid erhält von einer voluminösen, beinahe karikaturistisch überzogenen Krinoline seine Form. Es wird von einem breiten plissierten Saum gefasst. Vorne ist der Saum hochgerafft und gibt den Blick auf ein von Volants, Schleifenband und Spitze verziertes Unterkleid frei. Die nackten Arme werden von fließenden Ärmeln mit schmaleren Faltenrüschen umspielt. In ihrem Schoß hält die Contessa einen Fächer, der mit einem eingearbeiteten V und einem Krönchen auf ihren Namen und ihre Herkunft hinweist.[60] Ihre Haare sind extravagant hochgesteckt und mit Perlen verziert, jeweils rechts und links ist eine Haarsträhne in Korkenzieherlocken gelegt. Das Gesamtbild mutet wie eine ins Extreme gezogene *Toilette* aus der Zeit Marie Antoinettes an. Man fühlt sich an Karikaturen von Honoré Daumier erinnert. Vergleichen wir dieses Kleid mit den Modekupfern zum späten Rokoko in der *Histoire de la Mode* von Challamel, so kann man beobachten, dass Elemente der Mode des 18. Jahrhunderts, wie zum Beispiel der in Falten gelegte Saum, der den Kleidern Kontur verleiht, bei Worth zu einem alles beherrschenden Motiv wird (ABB. 19). Ebenso ist es mit der Krinoline, kommt sie auch in der Grundform ihrem Vorbild nach, so ist sie doch in der Rezeption in ihrem Gesamtvolumen erheblich vergrößert. In der Zeit Napoleons III. gelangte die Krinoline wieder zu großer Beliebtheit und wurde ebenso kontrovers diskutiert wie die Themen der Tagespolitik. »Eine riesengroße Krinoline und ein sehr üppiger Kragen dominierten die Kleidung. Alles andere, das hinzu kam, verlor sich in der Menge der Spaziergänger, für die die Gehsteige von Paris viel zu eng waren.«[61]

Auch wenn die Bürgersteige von Paris zu schmal für die raumgreifenden *Toiletten* der feinen Damen geworden waren, so hielt das die Couturiers nicht davon ab, verstärkt mit dem Element der Krinoline Mode zu schöpfen. Die Krinoline war zu einer »Ikone des Second Empire«[62] geworden, sie stand für eine Zeit voller Eleganz, Luxus, hohem Lebensstil und politischer Macht, an die man anknüpfen wollte, die man übertrumpfen wollte. Die Taillen der Damen an der Seite einflussreicher Herren sollten noch schmaler, noch schöner erscheinen. Das Second Empire berief sich in Sachen Mode, auch wenn, wie sich am Beispiel von *Elvira* gezeigt hat, eine Reihe von Neuinterpretationen erschaffen wurde, auf das Ancien Régime. Walter Benjamin konstatierte zum Stichwort Mode und Paris in der Mitte des 19. Jahrhunderts: »Tonangebend nun ist zwar immer das Neueste, aber doch nur wo es im Medium des Ältesten, Gewesensten, Gewohntesten auftaucht. Dieses Schauspiel wie das jeweils Allerneueste in diesem Medium des Gewesenen sich bildet, macht das eigentliche dialektische Schauspiel der Mode.«[63]

Frederick Worth, als sei er sich schon damals dieser Dialektik bewusst, besaß eine umfangreiche Sammlung von Stichen und Malereien zu historischen Kostümen[64] und stellte sich ganz auf den Bedarf und Geschmack seiner Klientel ein. Die französische Adelsgesellschaft bewegte sich in Bauwerken des 18. Jahrhunderts, allen voran das Schloss Compiègne, wo regelmäßig im Herbst die berühmten Séries abgehalten wurden, und lebte in Ausstattungen und Möbeln der Louis-Stile. Worth schneiderte dazu die passenden Roben. »Die modischsten waren von Kostümen aus dem 18. Jahrhundert beeinflusst, die die Kaiserin so liebte, oder von fremdländischer Konfektion, von den neuesten Romanen oder Opern inspiriert, wie das ›Salambô‹-Kostüm, das Madame Rimski-Korsakow zur Schau stellte, oder die ›Königin von Etrurien‹ und die ›Herzdame‹, die die Comtessa di Castiglione trug.«[65] Die Kaiserin ihrerseits eiferte insbesondere den Kostümen nach, die ihr großes Vorbild, Marie Antoinette, auf den Bildern der Malerin Louise-Élisabeth Vigée-Lebrun (1755–1842) trug. So schneiderte Worth ihr 1866 für einen großen Ball in den Tuilerien eine Kopie einer dieser prächtigen Roben.[66] Schon 1854 malte Franz Xaver Winterhalter (1805–1873), Portraitist der europäischen Adelshöfe, Eugénie in einem Ballkleid des 18. Jahrhunderts. Seine Gemälde haben zum einen dazu beigetragen, die Mode aus der Zeit Ludwigs XVI. und seiner Habsburger Modekönigin erneut zu etablieren, zum anderen haben sie den Kreationen von Frederick Worth ein Denkmal gesetzt. Das wohl bekannteste Modell von Worth trägt »Sissi«, Kaiserin Elisabeth von Österreich, auf Winterhalters Gemälde von 1865. Aber auch Pauline von Metternich oder die Duchesse de Morny ließen sich in aufwändigen, vom Rokoko inspirierten Kleidern aus dem Hause Worth von Winterhalter portraitieren.

Von der Contessa di Castiglione gibt es kein Gemälde von Franz Xaver Winterhalter, das mag sie zu Lebzeiten, so vermute ich, sehr geärgert haben. Dass die Mode des 18. Jahrhunderts ihr aber ein großes Vorbild und Anliegen zugleich war, schon allein um nicht von der Kaiserin in den Schatten gestellt zu werden, zeigen die Fotografie *Elvira* (ABB. 18), die Aufnahmen aus der Serie *Alta* (ABB. 14–16), ihre Inszenierung als *Mathilde* (S. ABB. 17) vor der wunderbaren von Aquilin Schad geschaffenen Kulisse eines Kostümballs und viele Fotografien mehr von der Hand Pierre-Louis Piersons. Ihre Lust an der Mode, ihre Begeisterung für das historische Kostüm und ihre Sucht nach Anerkennung und Bewunderung ließen sie zu Superlativen greifen. Gerade ihre Selbstdarstellung als *Elvira*, ein bis ins Mittelalter zurückgehender Name, mit dem man unter anderem die Bezeichnung der »Erhabenen« verbindet, scheint die Vorlieben der Kaiserin mit einem deutlich ironischen Unterton zu kommentieren. Darüber hinaus ist der Name spanischer Herkunft und nimmt zusammen mit dem Attribut des Fächers[67], den die Castiglione auf der Fotografie im Schoß hält, deutlich Bezug auf die spanische Gemahlin Napoleons III.

Damit rückte sie in eine starke Konkurrenzsituation zur Kaiserin, die sie gerade auf dem Gebiet der Mode teils auf bösartige Weise ausspielte. Frédéric Loliée erzählt die Anekdote um Leroy, einem Nachfahren des berühmten Léonard, Friseur à la mode[68] Marie Antoinettes, der exklusiv in den Diensten der Kaiserin Eugénie stand und von der Contessa abgeworben wurde. Eugénie hatte ihm anlässlich eines großen Balls den Auftrag erteilt, sich selbst zu übertreffen und für sie eine beeindruckende Frisur zu kreieren. »Er versprach ihrer Majestät einen Kopfputz, der ihrer würdig sein sollte; [...] und komponierte das Meisterwerk eines Abends, das den Glanzpunkt seiner Laufbahn bezeichnen sollte. Das Ganze war majestätisch und zierlich, originell und einfach; er hatte die angenehme Überzeugung, seine geschickten Hände hätten das Höchste auf diesem Gebiete geschaffen.«[69] Dass diese Kreation das Ende seiner Position als Friseur der Kaiserin bedeuten würde, konnte sich Leroy zu diesem Zeitpunkt noch nicht vorstellen. Mit geschickter Überredungskunst gelang es der Contessa nämlich, Leroy auch für sich zu gewinnen, um damit natürlich die Exklusivität, die er als Friseur der Kaiserin innehatte, zu brechen und ihm den gleichen Kopfputz abzuringen, den er für Eugénie kreiert hatte. Obwohl sie versprach, das Prachtstück erst zu einem sehr viel späteren Zeitpunkt zu tragen, erschien sie auf besagtem Ball mit eben dieser Frisur. Kaiserin und *maîtresse en titre* standen sich im gleichen Outfit gegenüber, die Horrorvorstellung einer jeden Frau der Gesellschaft.

Folgen wir den Ausführungen Barbara Vinkens, die die Macht Marie Antoinettes einzig in ihrer Modesymbolik repräsentiert sieht, die »Königin – und nicht mehr die Favoritin – stellt den Versailler Adel in den Schatten«, dann wäre die sogenannte gottgewollte Ordnung im Second Empire wiederhergestellt. Mit dem kleinen Unterschied natürlich, dass die Contessa di Castiglione aus altem italienischen Adel stammte und damit von ihrem gesellschaftlichen Stand her betrachtet, durchaus die Position Kaiserin Eugénies innegehabt haben könnte. Und genauso sah sie es selbst auch: »Sie dachte, daß sie zu spät nach Frankreich gekommen sei, daß sie, die Italienerin, im Glanze ihrer körperlichen Herrschermacht, die Kaiserkrone ebenso leicht getragen hätte als die Spanierin, und sie hätte ihre Macht politisch besser zu nützen verstanden; sie sagte sich, daß Macht besitzen ihr Traum gewesen sei, [...] und daß sie sich niemals darüber trösten werde, daß sie die Zeit verpaßt habe.«[70]

Rollenspiele: Selbstinszenierung im *Tableau vivant* als Mittel zur Identitätsfindung

Möglicherweise war genau diese verpasste Chance, die Rolle der Kaiserin an der Seite Napoleons III. zu bekleiden, eine Rolle der Macht also, der Grund für ihre lebenslange Passion, immer wieder in andere Rollen zu schlüpfen und davon Hunderte von Fotografien anfertigen zu lassen. Nicht ohne Grund sprach Robert de Montesquiou von einem großen, lebenslangen Tableau vivant.

Die US-amerikanische Fotohistorikerin Abigail Solomon-Godeau beschreibt das Phänomen der Contessa di Castiglione in

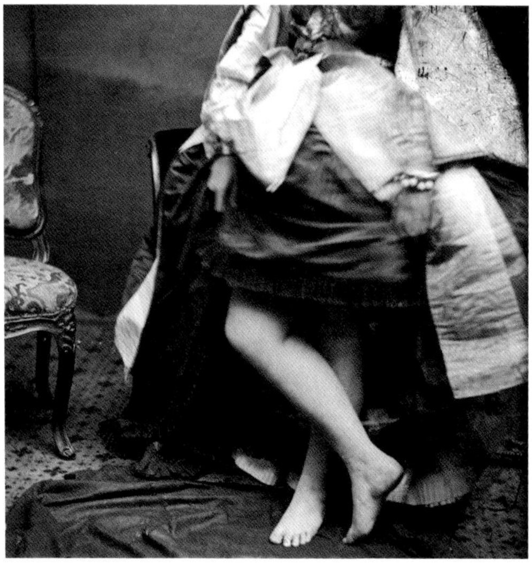

ABB. 20
Pierre-Louis Pierson
Die Füße der Contessa di Castiglione, 1861–67 (TAFEL 36)

ihrer 1986 verfassten Abhandlung über »Die Beine der Gräfin«[71] als einen immerwährenden Versuch der Selbstdarstellung. Ihr Ansatz ist ein feministisch-marxistischer, der die Contessa als Opfer der kapitalistisch durchdrungenen Gesellschaft des Second Empire definiert, die sich durch eine offensichtliche Überlagerung von Narzißmus und Fetischismus auszeichnet, und damit einen Prozess der Objektivierung weiblicher Identität anstößt.[72] »Was sich nämlich unablässig in der Choreographie des Selbst der Gräfin zeigt – einer Choreographie, die sie sich für ihre eigenen zweifelhaften Zwecke anzueignen versucht –, ist die Schwierigkeit, wenn nicht gar Unmöglichkeit einer Selbstdarstellung.«[73] Solomon-Godeau ist der Ansicht, dass Weiblichkeit im Second Empire als Maskerade, als dekorative Schicht konzipiert war.[74] »Betrachtet man die Gräfin als [...] lebendes Beispiel der weiblichen Maskerade, so erkennt man darin weniger einen

Widerstand gegen die patriarchalische Ordnung als vielmehr eine totale Kapitulation vor ihren Verfügungen. [...] Weder Stellung noch Schönheit bewahrten die Gräfin vor dem Los der Frau, als Tauschobjekt behandelt zu werden.«[75] Hier dachte die Autorin natürlich an die Mission, die die Gräfin ursprünglich nach Paris gebracht hatte. Betrachten wir die Obsession, mit der die Contessa ihre Füße und Beine ablichten, ja sie sogar in Gips nachformen ließ, so können wir daran einerseits ihre große Faszination für die *Demimonde* ablesen, zum anderen aber auch die ebenso große Vertrautheit ihrem Fotografen gegenüber, denn ihm, und nur ihm, zeigte sie ihre nackten Beine. (ABB. 20)

Diese Fotografien waren nicht für die Öffentlichkeit bestimmt, das hätte gegen jegliche Konvention verstoßen, aber die Contessa bediente sich hier eines publikumswirksamen Genres, das in dieser Zeit nur den Balletttänzerinnen, Schauspielerinnen und letztlich Prostituierten vorbehalten war. Die Vermutung, sie habe diese Fotografien nur für sich anfertigen lassen, um sich ihrer Schönheit und Vollkommenheit zu vergewissern und diese zu verewigen, also ihrem ausgeprägten Narzissmus gerecht zu werden, widerspricht nicht unbedingt der Ansicht Abigail Solomon-Godeaus, dass ihr Agieren von außen, von einer patriarchalischen Gesellschaft, gesteuert wurde, in der ihre Rolle als Frau fest definiert, »sie als Text konstruiert war«.[76] Solomon-Godeau verweist an dieser Stelle auf *Les Jambes de l'Opéra* (1856), eine Fotocollage von Disdéri, die unzählige Beine von Tänzerinnen im Format der Carte-de-visite zeigt, also einem Medium, das eindeutig für die Öffentlichkeit bestimmt war (ABB. 21).

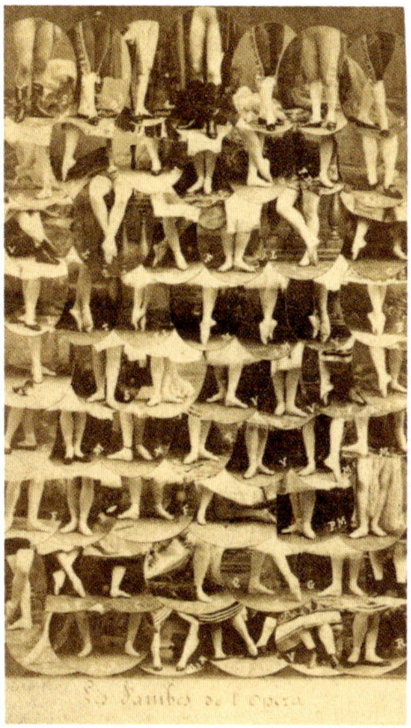

ABB. 21
André Adolphe-Eugène Disdéri
Les Jambes de l'Opéra, um 1862
Albuminabzug

Es war der Reiz des Fremden und Anderen, der die Contessa immer wieder diese Gratwanderung zwischen den Welten, zwischen ihrer angestammten Welt des Adels, der gehobenen Gesellschaft, und der Halbwelt, der *Demimonde*, abschreiten ließ und der sie etwa dazu bewog, in Begleitung des Bankiers Charles Laffitte mit der Italienerin Giulia Brucci, die den Ruf hatte, »la grande puttana del mondo«, also eine Hure von Weltrang zu sein, zu Abend zu essen.[77] Und sie transportierte diese Szenerien in das Atelier von Mayer & Pierson. Während der Session, bei der auch die Aufnahmen ihrer Füße entstanden, posierte die Contessa in Rollen der *Demimonde*. Sie stellte in dem später zusammengefügten Album *Midi – Minuit* (*Mittag – Mitternacht*, 1861–1867) Szenen eines Picknicks nach, wie sie uns von den Werken der französischen Impressionisten vertraut sind, und Kaffeehausszenen, ebenfalls inspiriert von den großen impres-

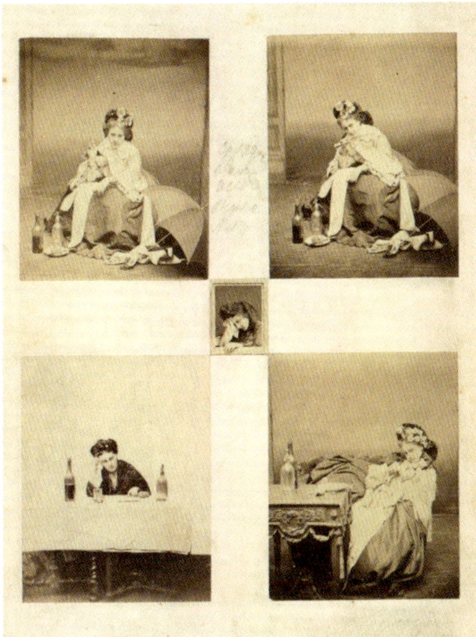

ABB. 22
Pierre-Louis Pierson
Album *Midi – Minuit* (*Mittag – Mitternacht*), 1861–67 (TAFEL 15)

sionistischen Künstlern wie Edgar Degas oder Édouard Manet (ABB. 22). Die als *Ernani* betitelte Aufnahme stellt ein Pendant, beziehungsweise eine Weiterführung des Picknicks zur Mittagszeit dar und bezieht sich auf die gleichnamige Oper von Verdi, in der es um die Geliebte des adligen Banditenanführers Ernani geht, der aufgrund eines Gelübdes sein Leben opfern muss. In der Oper wird dieser Akt der Selbsttötung durch das Erklingen eines Jagdhorns eingeleitet; auf der zweiten Picknick-Fotografie bläst die Contessa in ein Jagdhorn (oben rechts). Die beiden Aufnahmen, die sich dem Kaffeehaus-Genre widmen, *Minuit* (unten links) und *Nostalgie* (unten rechts), finden zum einen eine Referenz in Manets Werk *La Prune* (*Die Pflaume*), eine junge Frau mit Pflaumenschnaps in ganz ähnlicher Haltung wie die Contessa an ihrem mit Spirituosen gedeckten Tisch, zum anderen erweckt die vierte Fotografie (unten rechts) mit der am Tisch da-

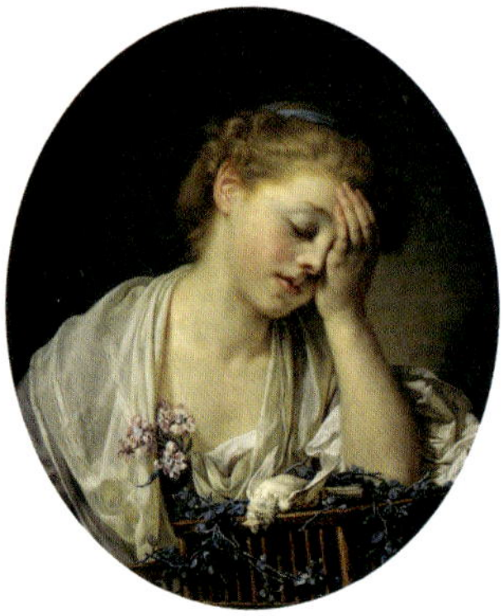

ABB. 23 Jean-Baptiste Greuze
Das junge Mädchen, das seinen toten Vogel beweint, 1765
Öl auf Leinwand, 52 x 45,6 cm.
Edinburgh, National Gallery of Scotland

hingegossenen Contessa Erinnerungen an die Gemälde und Grafiken von Degas.

Inmitten dieses Gevierts platzierte sich die Gräfin in der Rolle der Trauernden, offensichtlich inspiriert von dem Gemälde *Das junge Mädchen, das seinen toten Vogel beweint* von Jean-Baptiste Greuze.[78] (ABB. 23) Als das Gemälde 1765 in Paris im Salon ausgestellt wurde, zog es das Interesse Diderots auf sich. Er besprach das Bild, indem er um die Darstellung des trauernden Mädchens eine sehr emotionale und moralisch eingefärbte Narration legte:

> »Man sieht die arme Kleine von vollem Gesicht; sie lehnt ihren Kopf auf die linke Hand. Der tote Vogel liegt auf dem oberen Rand des Bauers: mit hängendem Kopf, schleppenden Flügeln, die kleinen Krallen in die Luft gekehrt. [...] Die Arme Kleine ach wie betrübt! [...] Wie viel Ausdruck in ihrem Gesichte! Ihr Schmerz ist tief, sie ist ganz bey ihrem Unglück; ganz! [...] Warum dies staunende, und trübsinnige Wesen? Wie, um einen Vogel? [...]

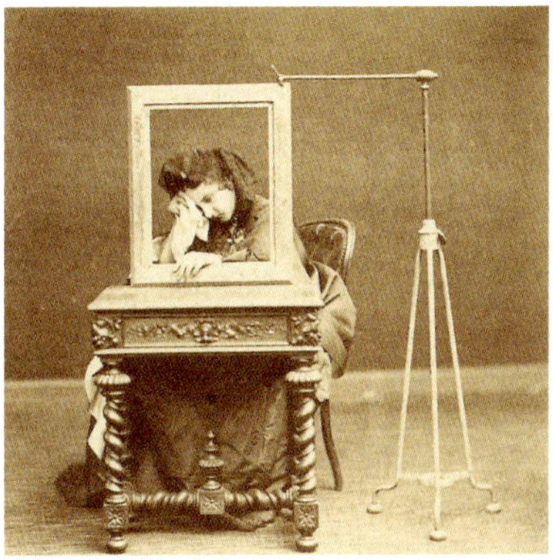

ABB. 24 Die Contessa als weinende Frau mit Taschentuch in einem leeren Bilderrahmen ca. 1863–66 (TAFEL 16)

> Öffne mir Dein Herz; sage mir die Wahrheit. Ists wohl der Tod dieses Vogels, der Dich so stark und so trauererweckend, in Dich selbst zurückzieht?«[79]

Der Tod des Kanarienvogels steht hier für den Verlust der Jungfräulichkeit, den Diderot in einer weit ausholenden, beinahe analytischen Erzählung aufdeckt und letztlich anklagt. »So führen«, wie Beate Söntgen sagt, »die pathetischen Beschreibungen zu Greuze die von Diderot geforderte Emotionalisierung des Betrachters vor, und zugleich zeigt er, wie diese zur ›sittlichen Erziehung‹ genutzt wird.«[80]

Das Album *Midi – Minuit* gibt nur einen Ausschnitt des ursprünglichen als Tableau inszenierten Bildes wieder. Dort sehen wir die trauernde Gräfin mit Taschentuch und schwarzem Schleier, eingefasst von einem Bilderrahmen, der von einem Stativ gehalten wird, das üblicherweise in Fotostudios dieser Zeit verwendet wurde, um bei langen Belichtungszeiten den Kopf des Modells zu stützen (ABB. 24). Die Contessa sitzt an einem klei-

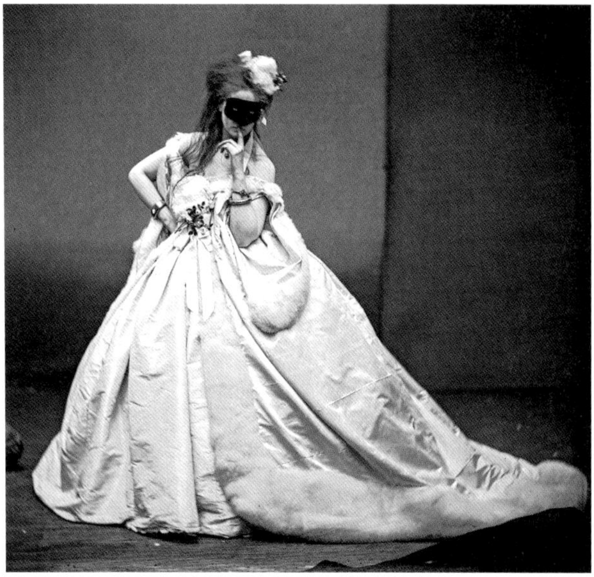

ABB. 25
Pierre-Louis Pierson
Die Contessa di Castiglione, *Silence* (*Stille*), 1861–67
(TAFEL 27)

nen Tischchen, ihre linke Hand ragt aus dem Bild heraus und liegt auf dem Rahmen, wie bei einem Trompe-l'œil. Es stellt sich nun die Frage, vor allem in Anbetracht der anderen Darstellungen dieses Albums, worum trauert die schöne Gräfin? Sicher nicht wie das hübsche Mädchen von Greuze um den Verlust ihrer Jungfräulichkeit. »Ein solches Vorbild passt freilich kaum zu dem stadtbekannten Vorleben der italienischen Gräfin. Gegenstand der Trauer war für die Selbstverliebte wohl eher das Welken ihrer jugendlichen Schönheit, dessen unaufhaltsames Fortschreiten sie jeden Tag vor den riesigen Spiegeln in ihrem Pariser Appartement beobachten konnte.«[81] Felix Thürlemann weist in seinem Essay über die trauernde Contessa darauf hin, dass die vier Szenen, die sie umgeben, »jedes Mal begleitet [werden] von einer Rotwein- und einer Siphonflasche«.[82] Zeichen,

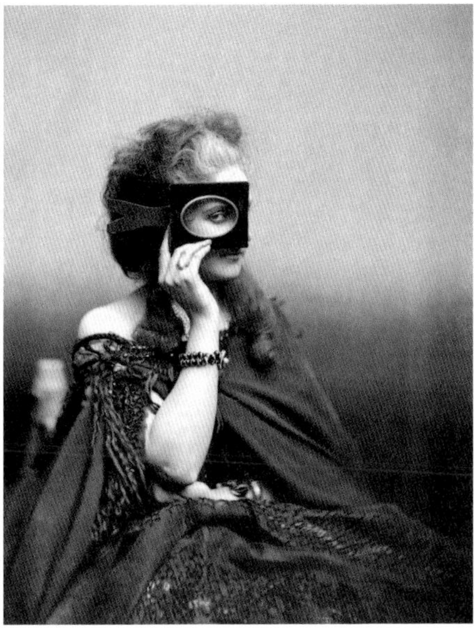

ABB. 26
Pierre-Louis Pierson, *Scherzo di Follia (Witz der Verücktheit)*, 1861–67 (TAFEL 24)

die für die *Demimonde* stehen, für die die Contessa ihr Leben lang eine Faszination hegte, die sie aber ebenso auch in Verruf brachte. Darum legte die Contessa um ihre Selbstdarstellung als Trauernde die in Szene gesetzte Halbwelt – Tableaux vivants, die von Trunkenheit, Unsittlichkeit, Altern und dem Verlust der gesellschaftlichen Stellung erzählen. Diderot hingegen rahmte das junge, um seine Jungfräulichkeit trauernde Mädchen mit einer Erzählung, die beinahe zu Dichtung[83] gerät. In der Narration, hier in Bildern, dort in emotionalisierter Rede, werden persönliche Verluste und die damit verbundenen beziehungsweise abhanden gekommenen Rollen verhandelt.

Und wenn die Gräfin sich mit Maske zeigt, die natürlich eine Erinnerung an die unzähligen Maskenbälle am Hofe Napoleons III. sind, begegnet sie uns nun als *Persona*, als Maskierte, der Gesellschaft des Second Empire (ABB. 25). Die Maske bedeutet Schutz vor den Blicken des Betrachters, dem Urteil der anderen, ebenso drückt sie aber auch eine gewisse Ironie aus. In dem zu einer Ikone der Fotografie gewordenen Portrait *Scherzo di Follia* (Witz der Verrücktheit), ein Titel, den die Gräfin selbst in Anlehnung an Verdis Oper *Un ballo in Maschera* (1859) gewählt hat, »hält die Comtesse eines der damals üblichen schwarzen Portraitrāhmchen mit ovaler Öffnung wie eine Maske quer vor ihr rechtes Auge und schaut so auf die Betrachtenden zurück. Die ingeniöse Inszenierung des Blickes war eine spielerische ›Gegenwehr‹ der Portraitierten, die Antwort auf den Blick des Fotografen, der, hinter der Kamera versteckt, das Auge des Objektivs auf sie richtete.«[84] (ABB. 26)

Betrachten wir die Breite des Repertoires an Rollen und Inszenierungen, die La Castiglione für sich schuf, fällt es schwer, sie als Geschöpf oder sogar Opfer des Patriarchats zu betrachten. Auch wenn, um noch einmal Abigail Solomon-Godeau zu zitieren, »sie als Text konstruiert war«,[85] so verstand sie es doch, diesen Text auf ganz individuelle Weise zu modulieren, sozusagen selbst die Feder in die Hand zu nehmen und ihn in ihrem Sinne weiterzuschreiben. Sie rief die großen Dramen auf und nutzte den Rahmen ihrer gesellschaftlichen Stellung, um sich zu inszenieren, ebenso wie sie in die Tiefen der *Demimonde* abtauchte, also in jenen Realismus, den die zeitgenössische Kunst, die Impressionisten, zu ihrem Thema gemacht hatten.

Ich möchte das Leben und Agieren der Contessa di Castiglione über die Aussage Montesquious hinaus, der von einem immerwährenden Tableau vivant[86] sprach, als eine immerwährende Gratwanderung entlang von Grenzen bezeichnen: Grenzen ihres gesellschaftlichen Standes, Grenzen, die ihre Herkunft bedingten, moralische Grenzen und Grenzen, die ihr aufgrund ihres Geschlechts im Second Empire auferlegt wurden. Das Medium der Fotografie bot sich ihr an, diese Befreiungsakte zu dokumentieren, denn als solche möchte ich ihr Handeln bezeichnen. In ihrem Fotografen Pierre-Louis Pierson, zu dem sie eine lebenslange Verbindung pflegte, hatte sie einen kongenialen Akteur an ihrer Seite gefunden. Pierson stellte der schönen Gräfin buchstäblich den Rahmen für ihre Capricen und inszenierten Mythen zur Verfügung, und überließ ihr die Regie. So können wir bei den Fotografien der Contessa di Castiglione von sehr frühen, wenn nicht sogar den frühesten Autorenfotografien mit Kultcharakter sprechen. »Sie war eine Intrigantin und Ästhetin, die die Dandys des ausgehenden 19. Jahrhunderts inspirierte, wie etwa Montesquiou, der es ebenfalls liebte, sich für die Kamera zu verkleiden; sie war das Aushängeschild einer noch in den Kinderschuhen steckenden Kunstrichtung, transformierte sie nach ihrer Fasson, spielte mit den Identitäten und Erscheinungsformen, indem sie vorgab, sie zu kultivieren, kurz: Die Comtessa de Castiglione verdient die Zuschreibung, ein moderner Mythos zu sein, mehr denn je.«[87]

[1] Metternich-Sándor, Pauline, *Feuerwerk. Das Paris Napoleon III.*, aus dem Französischen übersetzt von Irene Kummer, Amalthea-Verlag, Wien/München 1979, S. 89–92. Vgl. auch Apraxine, Pierre, Demange, Xavier, *»La Divine Comtesse«. Photographs of the Countess de Castiglione*, Ausst.-Kat. The Metropolitan Museum of Art, Yale University Press, New Haven, London, New York 2000, S. 23; Kernan, Nathan, »A Game of Madness: The Photographs of the Contessa di Castiglione«, in: *Art on Paper*, September–Oktober 2000, Bd. 5, Nr. 1, S. 48–52.
Alle französischen und englischen Zitate wurden von Michaela Angermair ins Deutsche übertragen, es sei denn, es ist anders angegeben.

[2] Metternich-Sándor (wie Anm. 1), S. 61.

[3] Vgl. Fleury, Général Comte, *Souvenir, Plon Nourrit et Cie*, Paris 1897/98, S. 211–212. Siehe auch Apraxine, Pierre, »The model and the photographer«, in: Apraxine, Demange (wie Anm. 1), S. 23.

[4] Loliée, Frédéric, *Die Gräfin von Castiglione. Der Roman einer Favoritin 1840–1900. Nach ihren unveröffentlichten Briefen und den Fürstenbriefen*, aus dem Französischen übersetzt von Rose Austerlitz, Verlag Otto Beckmann, Berlin 1913, S. 22. Zur Biografie der Contessa di Castiglione siehe auch: Decaux, Alain, *La Castiglione*, Paris 1973 (1953[1]).

[5] Vgl. Apraxine, Demange (wie Anm. 1), S. 15–21. Die Liaison zwischen Napoleon III. und der Contessa di Castiglione dauerte länger als ein Jahr von Februar 1856 bis in die Frühlingszeit 1857.

[6] Marc-Roch-Horace de Salviac, Baron de Viel-Castel, bekannt als Horace de Viel-Castel, war ein französischer Kunstsammler und -liebhaber. Bis 1863 war Viel-Castel Direktor des Louvre. Als Bonapartist war er ein Förderer und Freund Napoleons III.

[7] Viel-Castel, Horace de, *Mémoires du comte Horace de Viel Castel sur le règne de Napoléon III. (1851–1864)*, veröffentlicht nach dem Originalmanuskript mit einem Vorwort von L. Léouzon Le Duc, 6 Bd., Paris 1883/84, hier Bd. 5, S. 22.

[8] Ebd., S. 23.

[9] Aspasia von Milet, eine Figur der griechischen Mythologie, lebte im 5. Jahrhundert vor Christus. Sie hatte starken Einfluss auf das politische und kulturelle Leben Athens.

[10] Viel-Castel (wie Anm. 7), S. 23.

[11] Loliée (wie Anm. 4), S. 113–114.

[12] Montesquiou, Robert de, *La Divine Comtesse. Étude d'après Madame de Castiglione*, Manzi, Joyant & Cie, Paris 1913, S. 79.

[13] De Lano, Pierre, *Les Femmes et Napoléon III*, Paris, um 1900, o. D., S. 28–29.

[14] »Je possède quatre cent trente-quatre portraits, différents, de la Comtesse de Castiglione.« Montesquiou (wie Anm. 12), S. 49.

[15] Vgl. Philippe de Montebello, »Director's foreword«, in: Apraxine, Demange (wie Anm. 1), S. 6.

[16] Adelaide Ristori (1822–1906) war in dieser Zeit eine international beliebte und erfolgreiche Schauspielerin mit großen Erfolgen in Spanien, Holland, Frankreich, den Vereinigten Staaten und Südamerika. In der Rolle der Medea feierte sie ihren größten Triumph.

[17] Challamel, Augustin, *Histoire de la Mode en France. La Toilette des Femmes*, Bibliothèque du Magasin des Demoiselles, Paris 1875, S. 194.

[18] Eigentlich hatte die Castiglione dunkle Haare. Oft waren sie in der Manier des Rokoko weiß gepudert oder wie hier in der kolorierten Fotografie goldblond dargestellt.

[19] Metternich-Sándor (wie Anm. 1), S. 66.

[20] Balzac, Honoré de, *Das Mädchen mit den Goldaugen*, übersetzt aus dem Französischen von Ernst Hardt (1904), Frankfurt am Main 1974, S. 59–60.

[21] Felman, Shoshana, »Weiblichkeit wiederlesen«, in: Vinken, Barbara (Hg.), *Dekonstruktiver Feminismus. Literaturwissenschaft in Amerika*, übersetzt aus dem Amerikanischen von Hans-Dieter Gondek, Suhrkamp, Frankfurt am Main 1992, S. 33–61, hier S. 38–39.

[22] Loliée (wie Anm. 4), S. 19.

[23] Ebd., S. 114.

[24] Vgl. Apraxine, Demange (wie Anm. 1), Katalogteil, S. 171.

[25] Vgl. Demange, Xavier, »A nineteenth-century photo-novel«, in: Apraxine, Demange (wie Anm. 1), S. 61–62.

[26] Loliée (wie Anm. 4), S. 115–116.

[27] Montesquiou (wie Anm. 12), S. 77–78.

[28] Carrier-Belleuse studierte ab 1840 an der École des Beaux-Arts in Paris. Seit den 1850er Jahren arbeitete er in Marmor, Bronze und Terrakotta. Wie auch die Darstellung der Contessa in ihrer Rolle als Königin von Etrurien, waren seine Skulpturen von Eleganz und einem malerischen Naturalismus gekenn-

zeichnet. Ab 1864 begann er eine Freundschaft und Zusammenarbeit mit Auguste Rodin.

29 Montesquiou (wie Anm. 12), S. 78.

30 Vgl. Apraxine, Demange (wie Anm. 1), Katalogteil, S. 170–171.

31 Loliée (wie Anm. 4), S. 117.

32 Metternich-Sándor (wie Anm. 1), S. 89–92.

33 Ebd., S. 117.

34 Ebd.

35 Montesquiou (wie Anm. 12), S. 82.

36 Loliée (wie Anm. 4), S. 118.

37 Montesquiou (wie Anm. 12), S. 84.

38 Goethe, Johann Wolfgang, *Sämtliche Werke. Briefe, Tagebücher und Gespräche,* 40 Bde., Frankfurt (Deutscher Klassiker Verlag) 1987 ff., hier I, 15.1, S. 225–226.

39 Söntgen, Beate, »Ein Bild verlässt den Rahmen. Die Attitüden der Lady Hamilton«, in: Egenhofer, Sebastian, Hinterwaldner, Inge, Spies, Christian (Hg.), *Was ist ein Bild? Gottfried Böhm zum 70. Geburtstag,* Wilhelm Fink, München 2012, S. 52.

40 Folie, Sabine, Glasmeier, Michael, »Atmende Bilder. Tableau vivant und Attitüde zwischen ›Wirklichkeit und Imagination‹«, in: dies. (Hg.), *Tableaux vivants. Lebende Bilder und Attitüden in Fotografie, Film und Video,* Ausst.-Kat. Kunsthalle Wien, Wien 2002, S. 24.

41 Montesquiou (wie Anm. 12), S. 81.

42 Folie, Glasmeier (wie Anm. 40), S. 28.

43 Ebd., S. 16.

44 Ebd., S. 33–34.

45 Montesquiou (wie Anm. 12), S. 67.

46 Vgl. Apraxine, Pierre (wie Anm. 3), in: Apraxine, Demange (wie Anm. 1), S. 30.

47 Loliée (wie Anm. 4), S. 84.

48 *Le Sport: Journal des gens du monde,* 9. April 1856, S. 3.

49 Vgl. Apraxine, Demange (wie Anm. 1), Katalogteil, S. 178.

50 Ebd., S. 18.

51 Montesquiou (wie Anm. 12), S. 54–55.

52 Mundt, Barbara, *Historismus. Kunstgewerbe zwischen Biedermeier und Jugendstil,* München 1981, S. 16.

[53] Challamel (wie Anm. 17), S. 182.

[54] Vinken, Barbara, *Angezogen. Das Geheimnis der Mode*, Klett-Cotta, Stuttgart 2013, S. 68.

[55] Ebd., S. 67.

[56] Ebd., S. 67–68.

[57] Duff, David, *Eugenie und Napoleon III.*, Düsseldorf 1979, S. 147.

[58] Vgl. Demange, Xavier, »A nineteenth-century photo-novel«, in: Apraxine, Demange (wie Anm. 1), S. 54.

[59] Challamel (wie Anm. 17), S. 194.

[60] Siehe dazu Apraxine, Demange (wie Anm. 1), Kat. Nr. 36, S. 174–175.

[61] Challamel (wie Anm. 17), S. 187.

[62] Trubert-Tollu, Chantal, Tétart-Vittu, Françoise, Martin-Hattenberg, Jean-Marie, Olivieri, Fabrice: *The House of Worth. 1858–1954. The Birth of Haute Couture*, London 2017, S. 74.

[63] Benjamin, Walter, *Gesammelte Schriften*, hg. von von Rolf Tiedemann / Hermann Schweppenhäuser unter Mitwirkung von Theodor W. Adorno und Gersholm Scholem, 7 Bde. sowie 3 Supplement-Bde. Frankfurt/Main 1972-1999, Bd. V: *Das Passagen-Werk*, hrsg. von Rolf Tiedemann, 1982, S. 112–113.

[64] Vgl. Trubert-Tollu, Tétart-Vittu, Martin-Hattenberg, Olivieri (wie Anm. 62), S. 44.

[65] Ebd.

[66] Vgl. *Franz Xaver Winterhalter et les Cours d'Europe de 1830 à 1870*, Ausst.-Kat. Musée du Petit Palais, Paris 1988, S. 71.

[67] Siehe dazu Apraxine, Demange (wie Anm. 1), Kat. Nr. 95, S. 187.

[68] Vgl. Vinken (wie Anm. 54), S. 65.

[69] Loliée (wie Anm. 4), S. 92–93.

[70] Ebd., S. 120.

[71] Solomon-Godeau, Abigail, »Die Beine der Gräfin«, in: Liliane Weissberg (Hg.), *Weiblichkeit als Maskerade*, Frankfurt/Main 1994 (1986), S. 90–147.

[72] Ebd., S. 97.

[73] Ebd.

[74] Ebd., S. 105. Solomon-Godeau verweist auf Marie Anne Doane, »Film und Maskerade. Zur Theorie des weiblichen Zuschauers«, in: Liliane Weissberg (wie Anm. 71), S. 66–89. Ebenso verweist sie auf den Beitrag von Joan Riviere, »Weiblichkeit als Maskerade«, ebd., S. 34–47.

[75] Solomon-Godeau (wie Anm. 71), S. 105–106.

[76] Ebd., S. 108.

[77] Siehe dazu Apraxine, Pierre, »The model and the photographer«, in: Apraxine, Demange (wie Anm. 1), S. 34.

[78] Siehe dazu Apraxine, Demange (wie Anm. 1), Kat. Nr. 36, S. 174. Siehe hierzu ebenfalls Thürlemann, Felix, »Picasso leiht sich bei der Comtesse de Castiglione ein Taschentuch aus«, in: *Rundbrief Fotografie. Analoge und digitale Bildmedien in Archiven und Sammlungen*, Vol. 26 (2019), S. 4–7.

[79] Diderot, Denis, *Versuche über die Malerey*, übersetzt von Carl Friedrich Cramer, Riga 1797, S. 335–336.

[80] Söntgen, Beate, »Passion, Performance, and Soberness: Denis Diderot« (»Leidenschaft, Performanz und Nüchternheit: Denis Diderot«), in: Beate Söntgen und Julia Voss (Hg.), *Why Art Criticism? A Reader*, Berlin 2021, S. 25. Freundlicherweise hat mir die Autorin ihren deutschen Originaltext zur Verfügung gestellt.

[81] Thürlemann (wie Anm. 78), S. 5.

[82] Ebd.

[83] Diderot verweist auf den Dichter Salomon Gessner (1730–1788). »Das allerliebste Gedicht! Was für ein Idyll Gessner daraus machen würde!«, in: Diderot (wie Anm. 79), S. 334.

[84] Thürlemann (wie Anm. 78), S. 5.

[85] Solomon-Godeau (wie Anm. 71), S. 108.

[86] Montesquiou (wie Anm. 12), S. 81.

[87] Albert, G. Nicole, *La Castiglione. Vies et métamorphoses*, Editions Perrin, Paris 2011, S. 11.

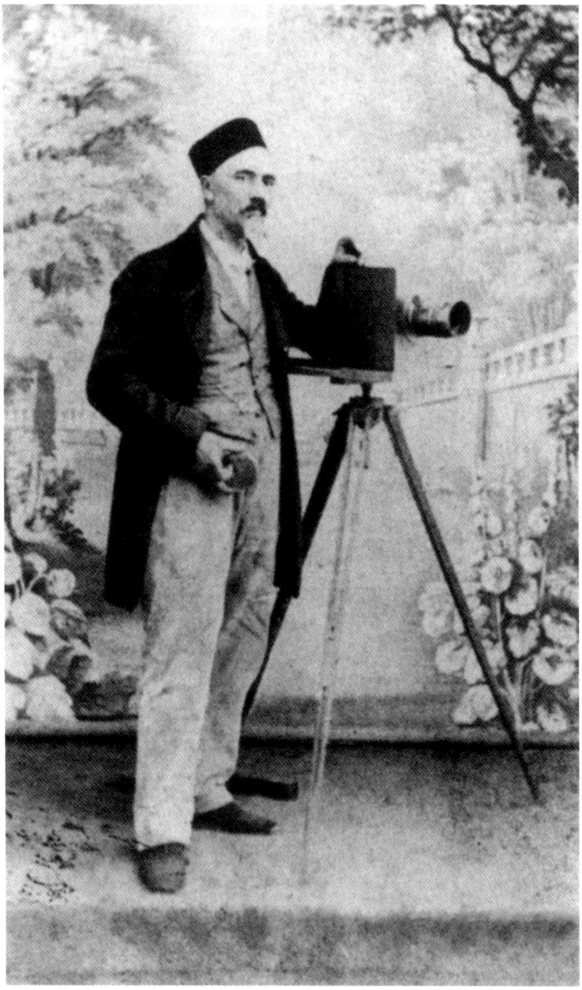

Abb. 27
Mayer & Pierson
Pierre-Louis Pierson, um 1860

Tafeln

I

*Rollenspiele –
Historistische Kostüme und große Auftritte*

II

*À la mode de
Marie-Antoinette*

III

*Eremitage und Demimonde –
Lebensphilosophie Tableau vivant*

IV

*Scherzo di Follia –
Witz und Persiflage*

V

Die Füße der Gräfin

I

Rollenspiele – Historistische Kostüme und große Auftritte

1

Pierre-Louis Pierson

Contessa di Castiglione, *Le Regard* (*Der Blick*), 1856–57

Albuminabzug, 9 x 6,6 cm

The Metropolitan Museum of Art, New York

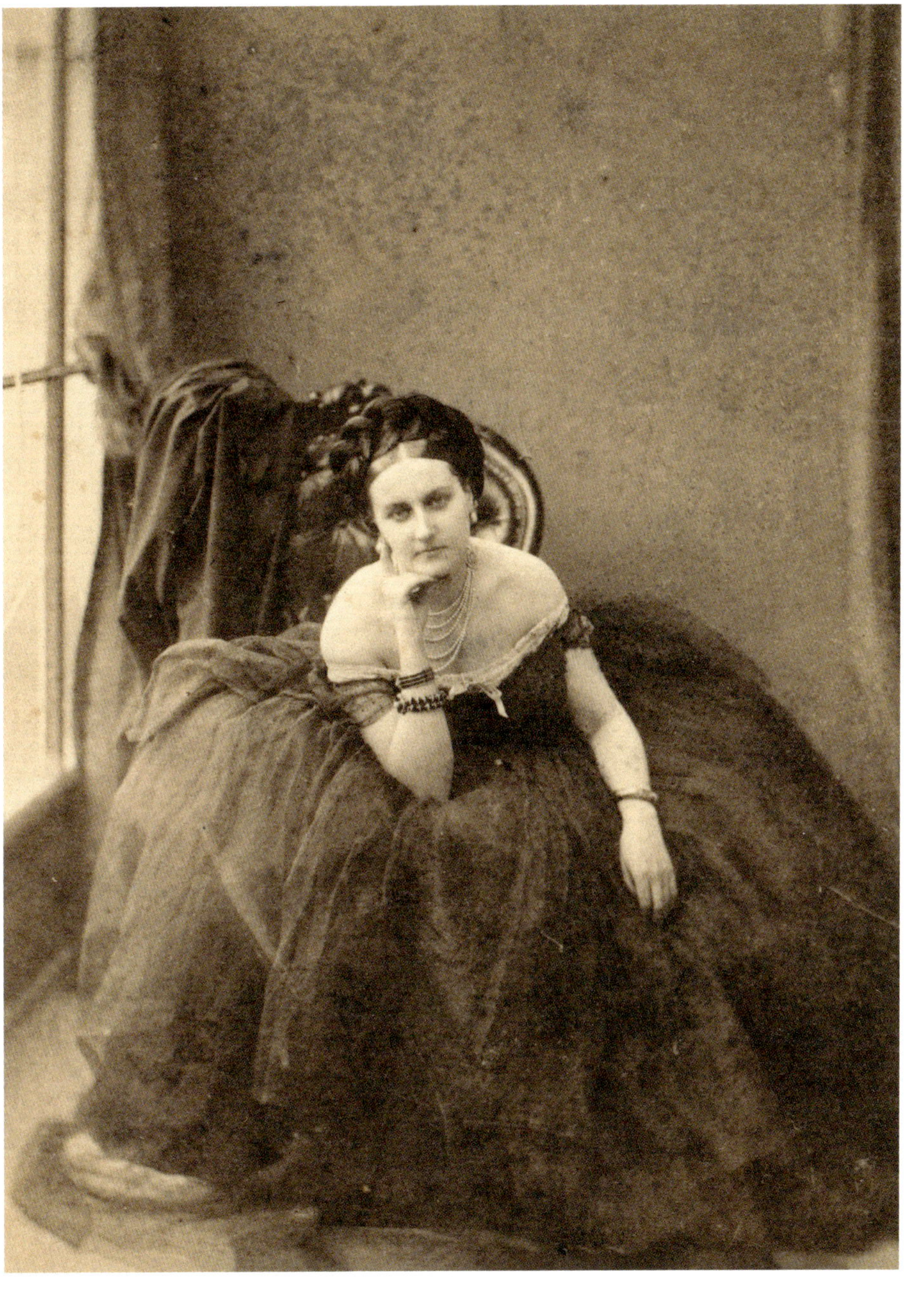

2

Pierre-Louis Pierson

Die Contessa di Castiglione in hochgeknöpftem Karokleid, 1856–57

Silbergelatinenegativ auf Trockenglasplatte, 23,8 x 29,8 cm

Caissette 268, n° 037

Musée d'Unterlinden, Colmar

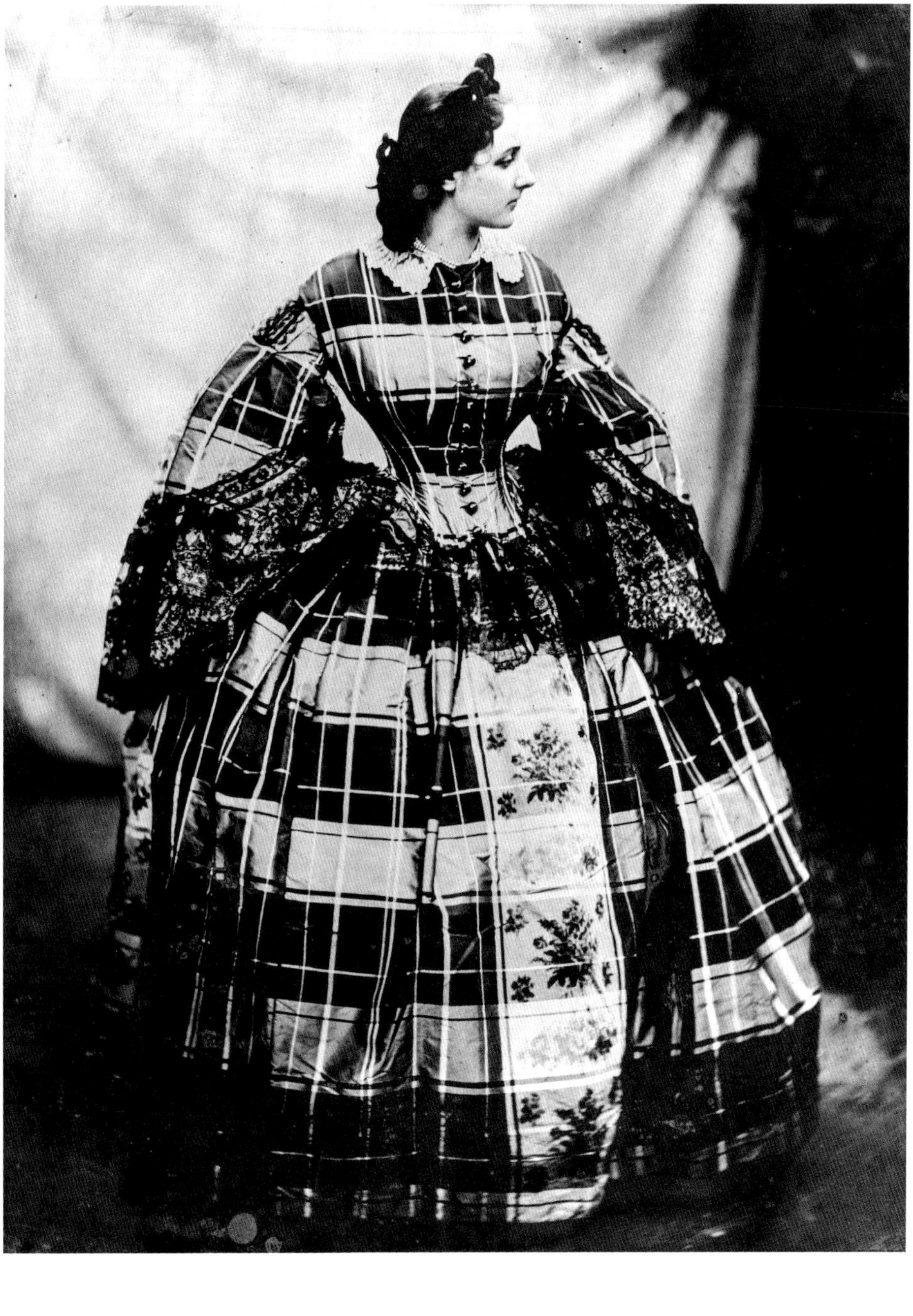

3

Pierre-Louis Pierson

Die Herzkönigin, 1861–63

Glasnegativ, 11,8 x 8,7 cm

Caissette 271, n° 138

Musée d'Unterlinden, Colmar

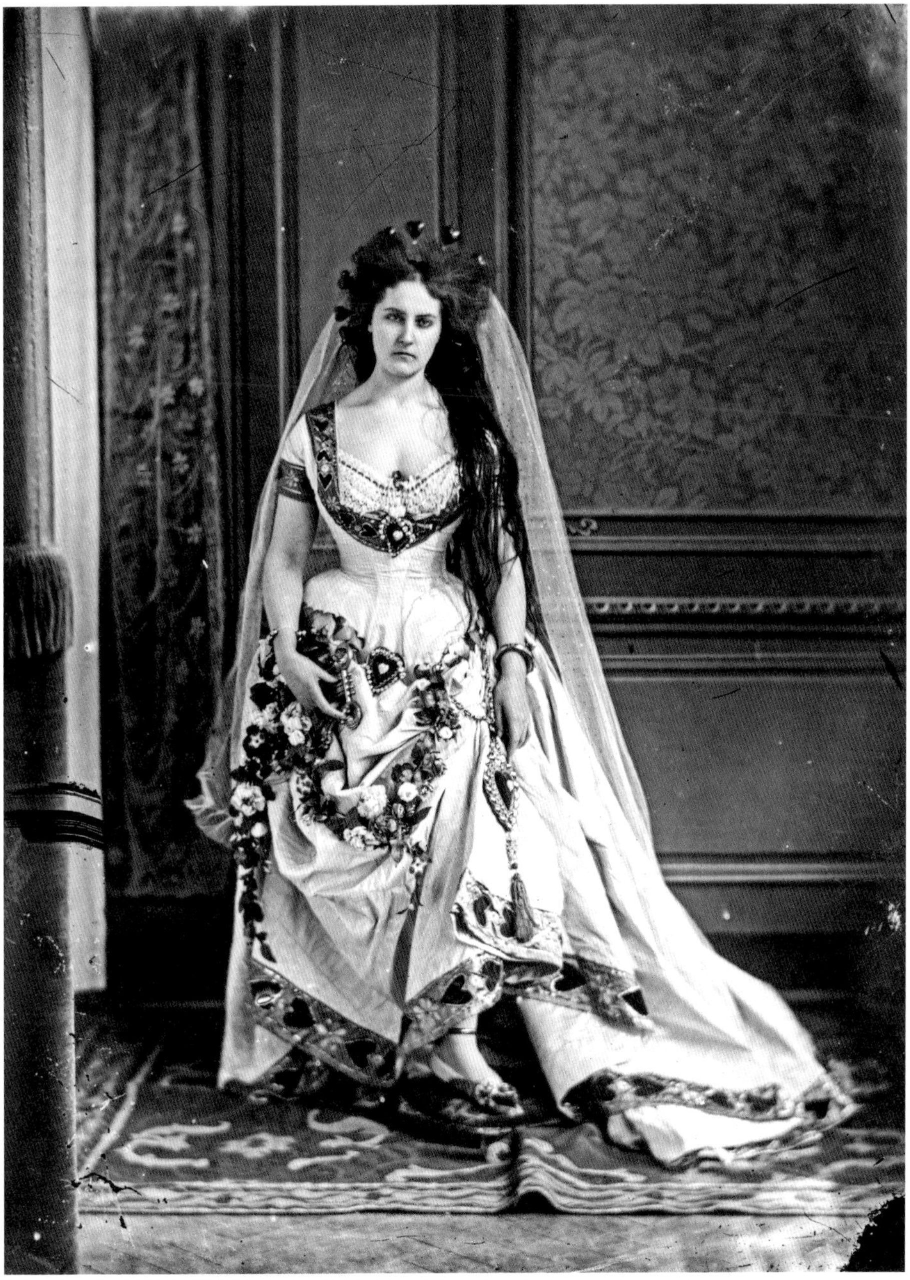

4

Pierre-Louis Pierson

Contessa di Castiglione, *La Dogaresse*, 1861–63

Glasnegativ, 12,9 x 17,8 cm

Caissette 270, n° 123

Musée d'Unterlinden, Colmar

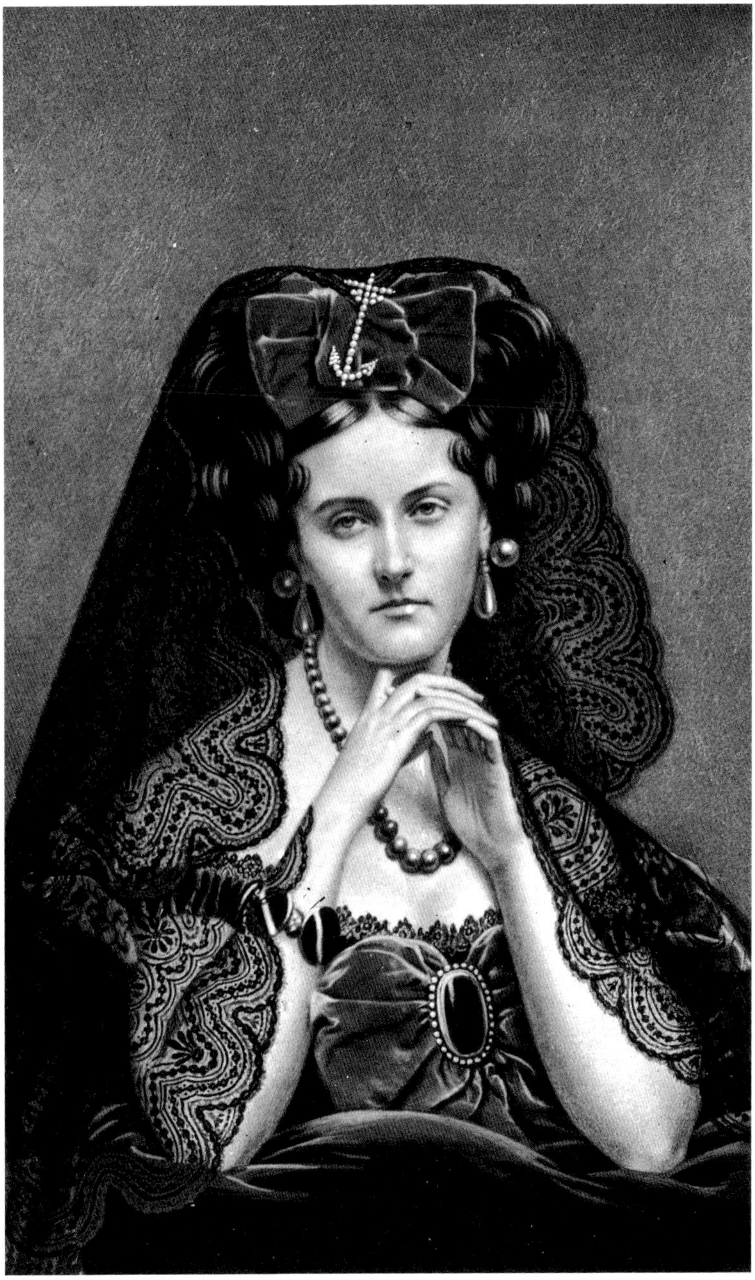

5

Pierre-Louis Pierson

Contessa di Castiglione, *Die Königin der Nacht*, 1861–63

Glasnegativ, 11,6 x 8,9 cm

Caissette 271, n° 133

Musée d'Unterlinden, Colmar

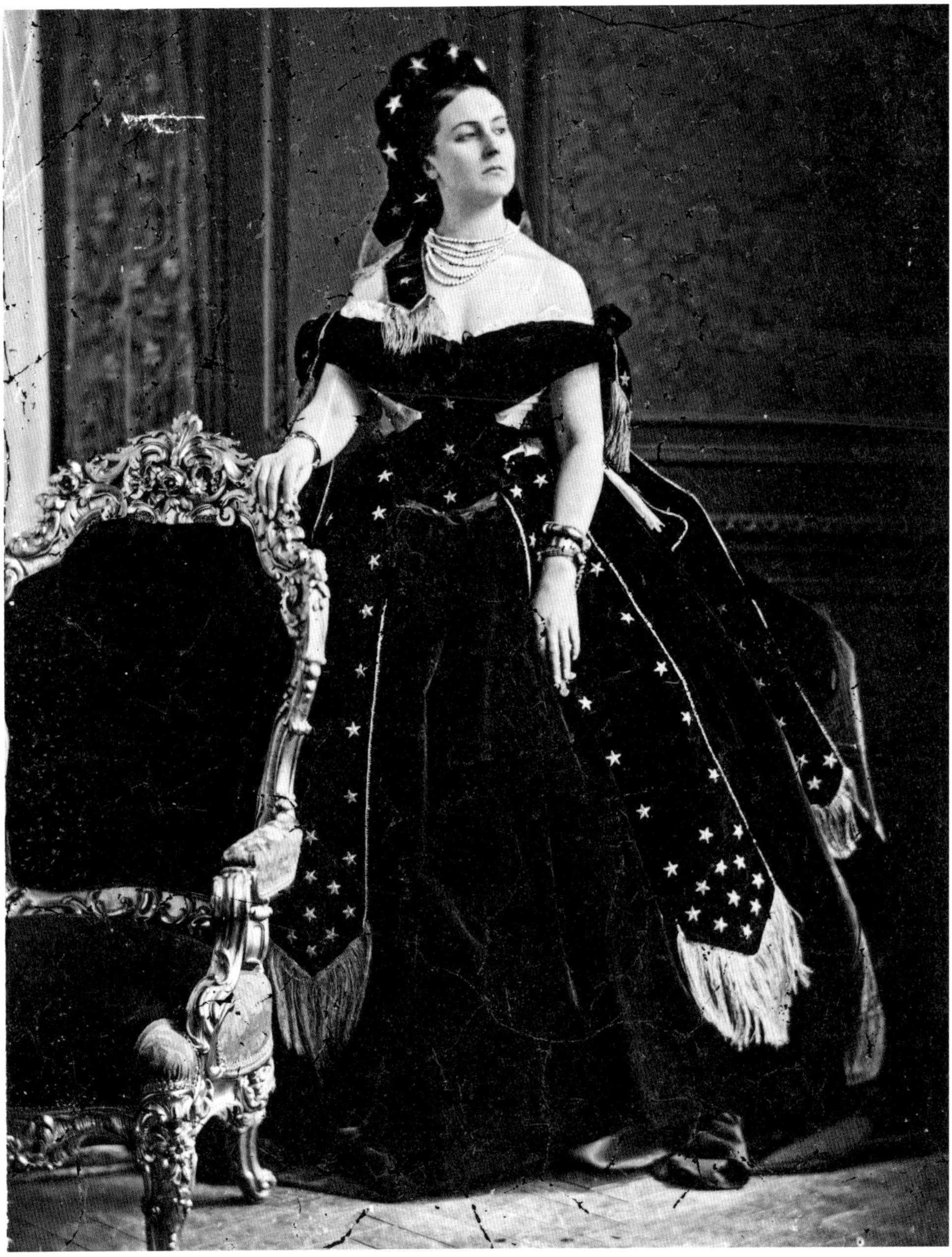

6

Pierre-Louis Pierson

Contessa di Castiglione als Anne Boleyn, 1861–67

Glasnegativ, 23,9 x 21 cm

Caissette 268, n° 005

Musée d'Unterlinden, Colmar

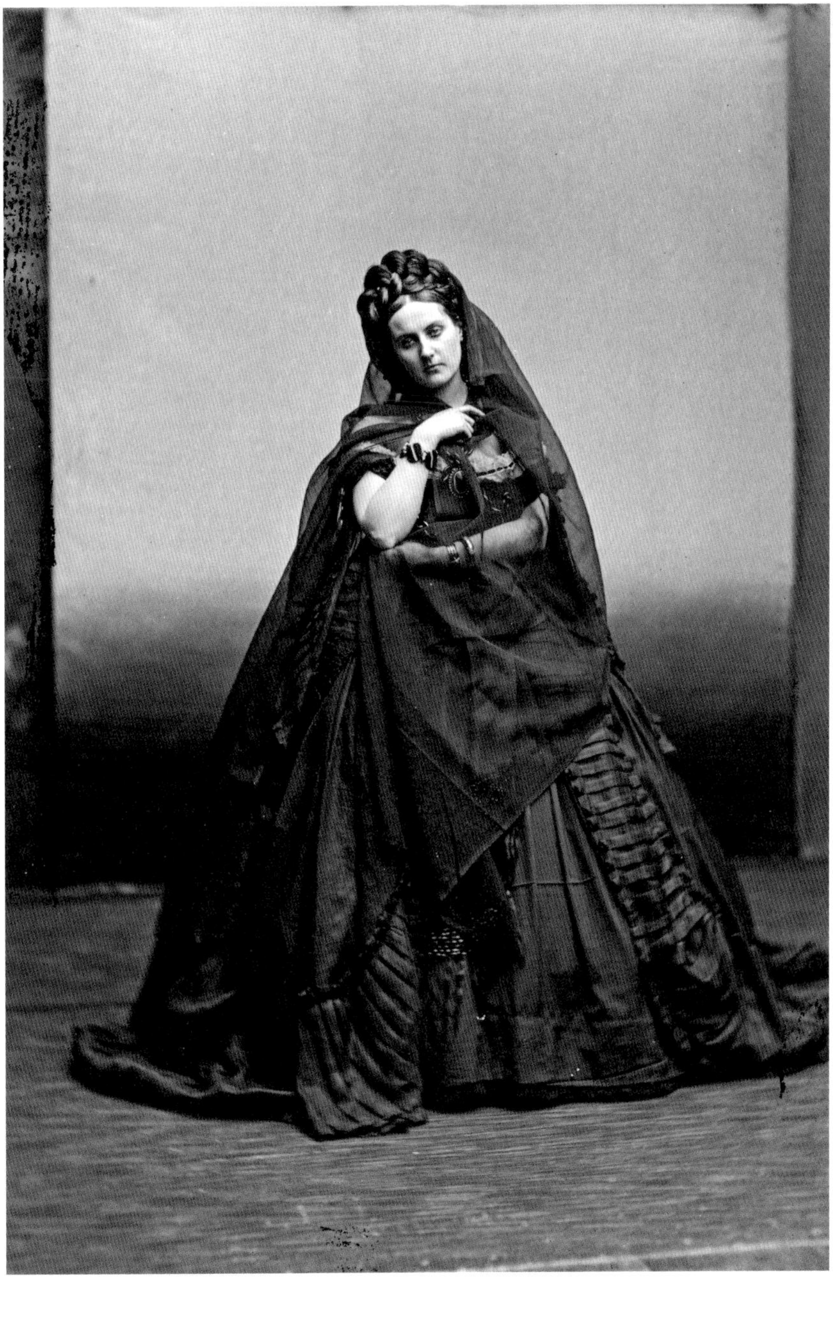

7

Pierre-Louis Pierson

Die Contessa di Castiglione als Anne Boleyn, *La Voilée* (*Der Schleier*), 1861–67

Glasnegativ, 23,9 x 20,9 cm

Caissette 268, n° 006

Musée d'Unterlinden, Colmar

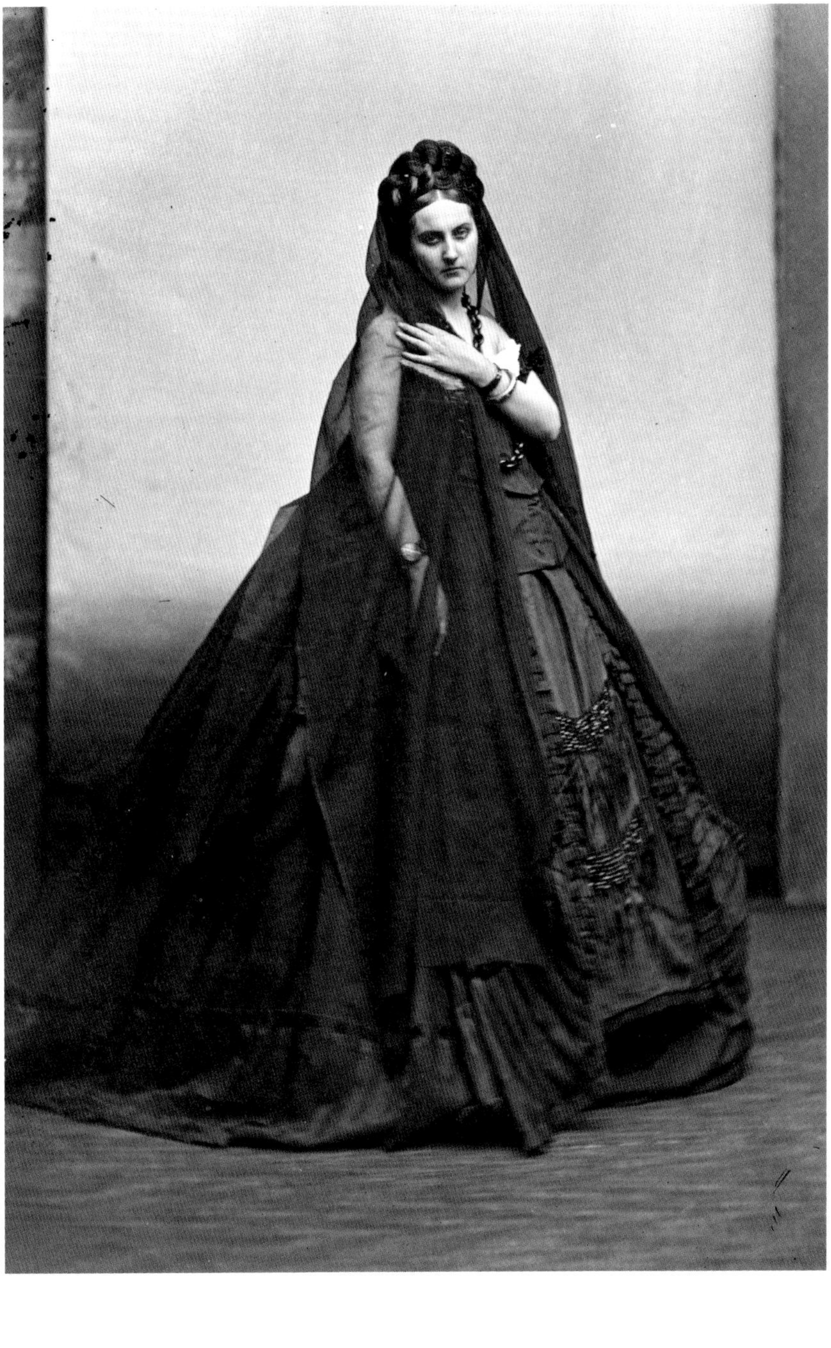

II

À la mode de Marie-Antoinette

8
Pierre-Louis Pierson
Die Contessa di Castiglione als Marquise Mathilde, 1861–66
Glasnegativ, 11,8 x 8,9 cm
Caissette 271, n° 128
Musée d'Unterlinden, Colmar

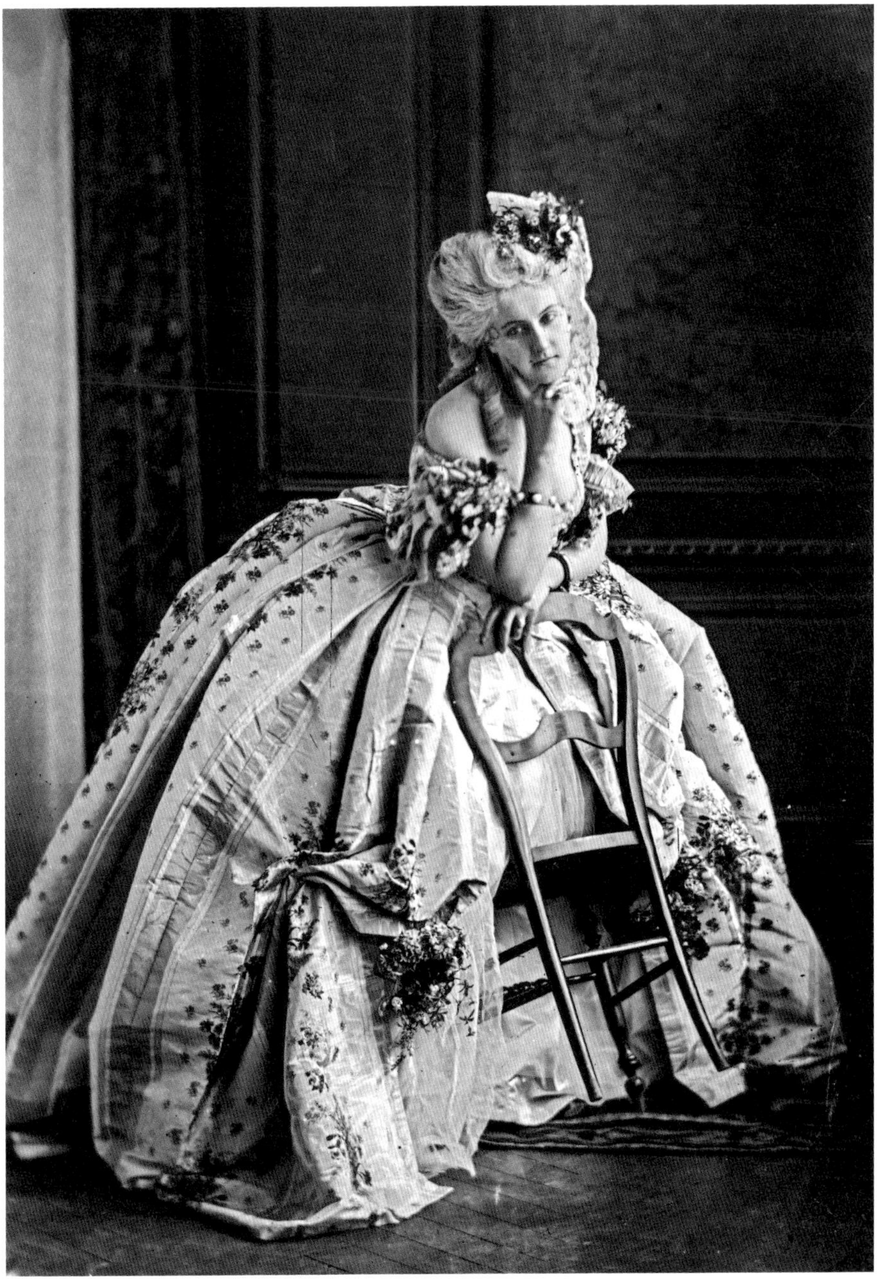

9

Pierre-Louis Pierson

Contessa di Castiglione, *Elvira*

(in einem Kleid von Charles Frederick Worth), 1861–67

Silbergelatineabzug, 36,8 x 41,6 cm

The Metropolitan Museum of Art, New York

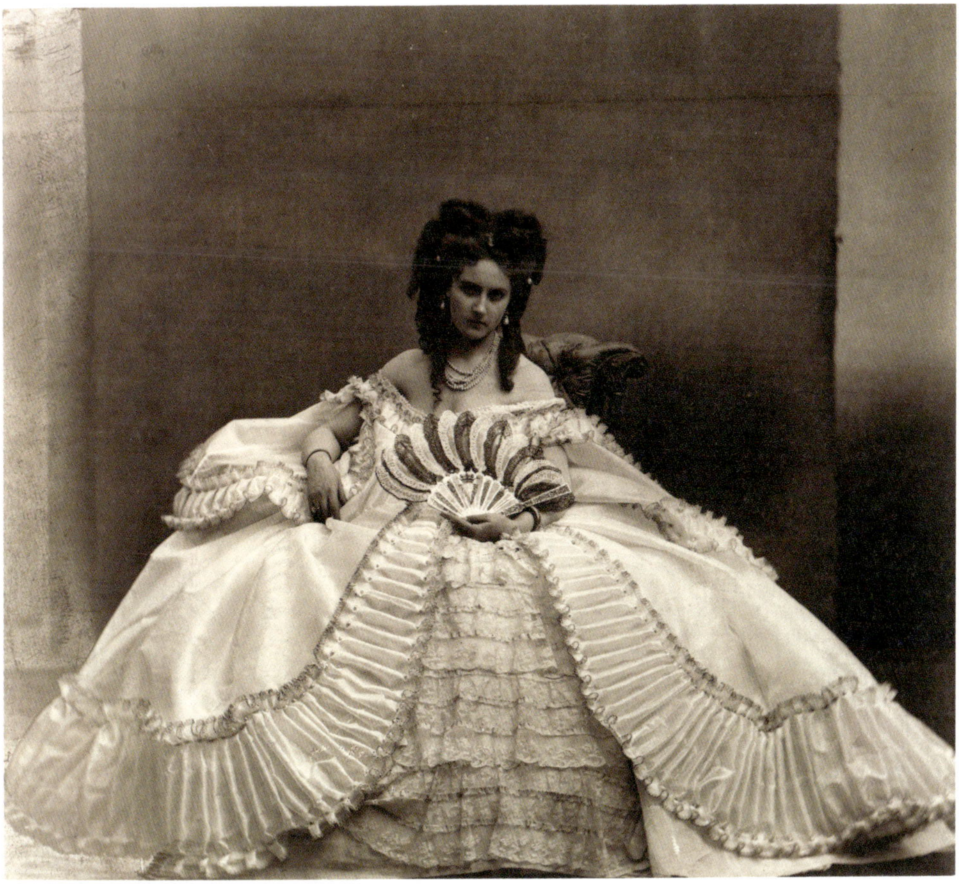

10

Pierre-Louis Pierson

Die Contessa di Castiglione mit einem Kind (*Alta*), 1863–66

Glasnegativ, 23,9 x 29,7 cm

Caissette 268, n° 034

Musée d'Unterlinden, Colmar

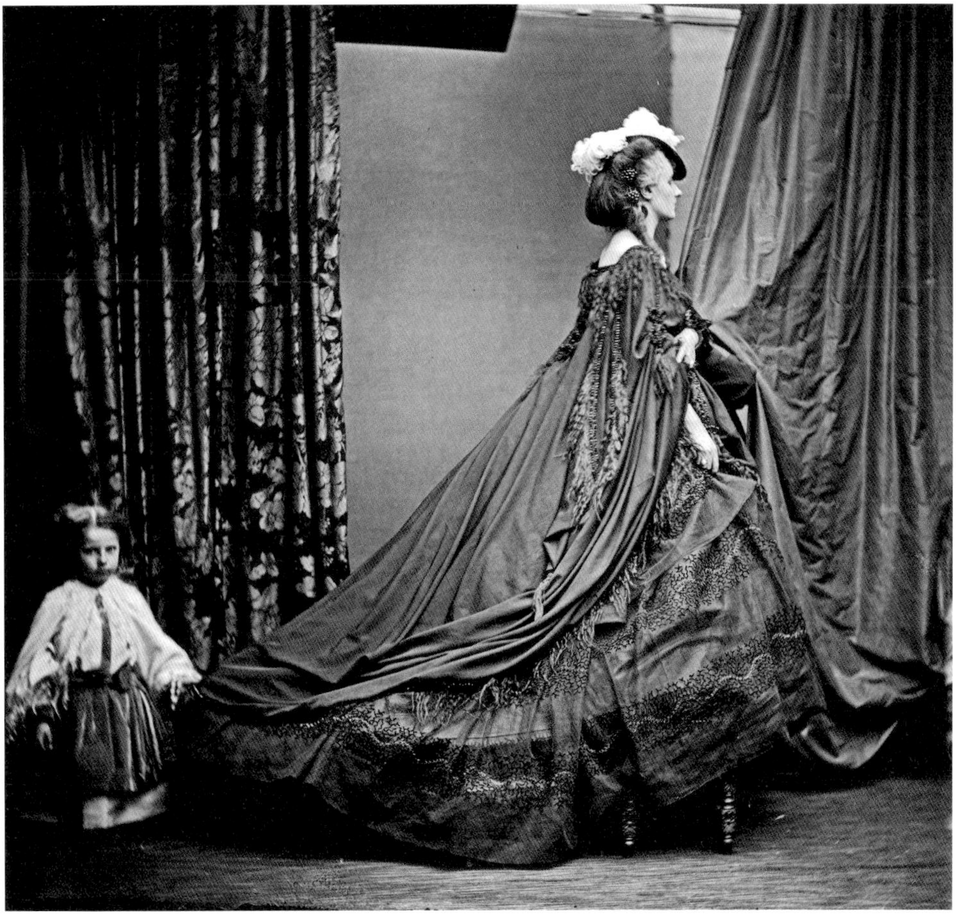

11

Pierre-Louis Pierson

Die Contessa di Castiglione als Künstlerin, 1863–66

Glasnegativ, 23,5 x 29,9 cm

Caissette 268, n° 033

Musée d'Unterlinden, Colmar

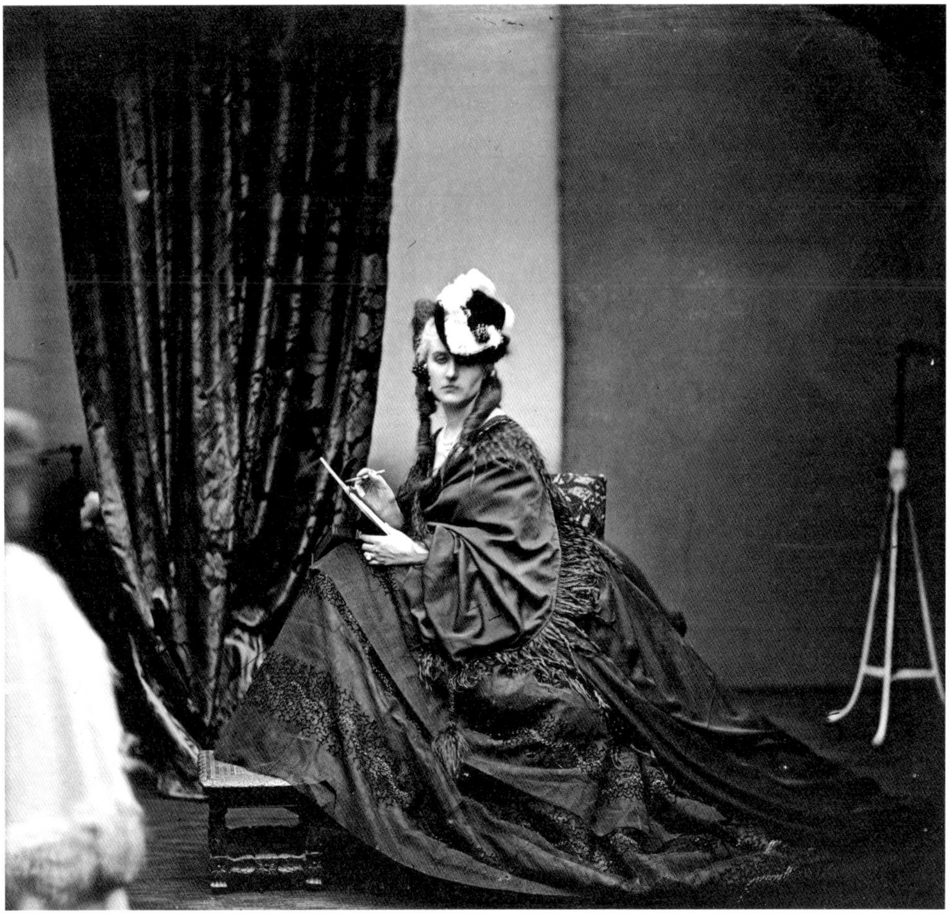

12

Pierre-Louis Pierson

Die Contessa di Castiglione, 1875–80

Silbergelatinenegativ auf Trockenglasplatte, 17,8 x 12,9 cm

Caissette 270, n° 113

Musée d'Unterlinden, Colmar

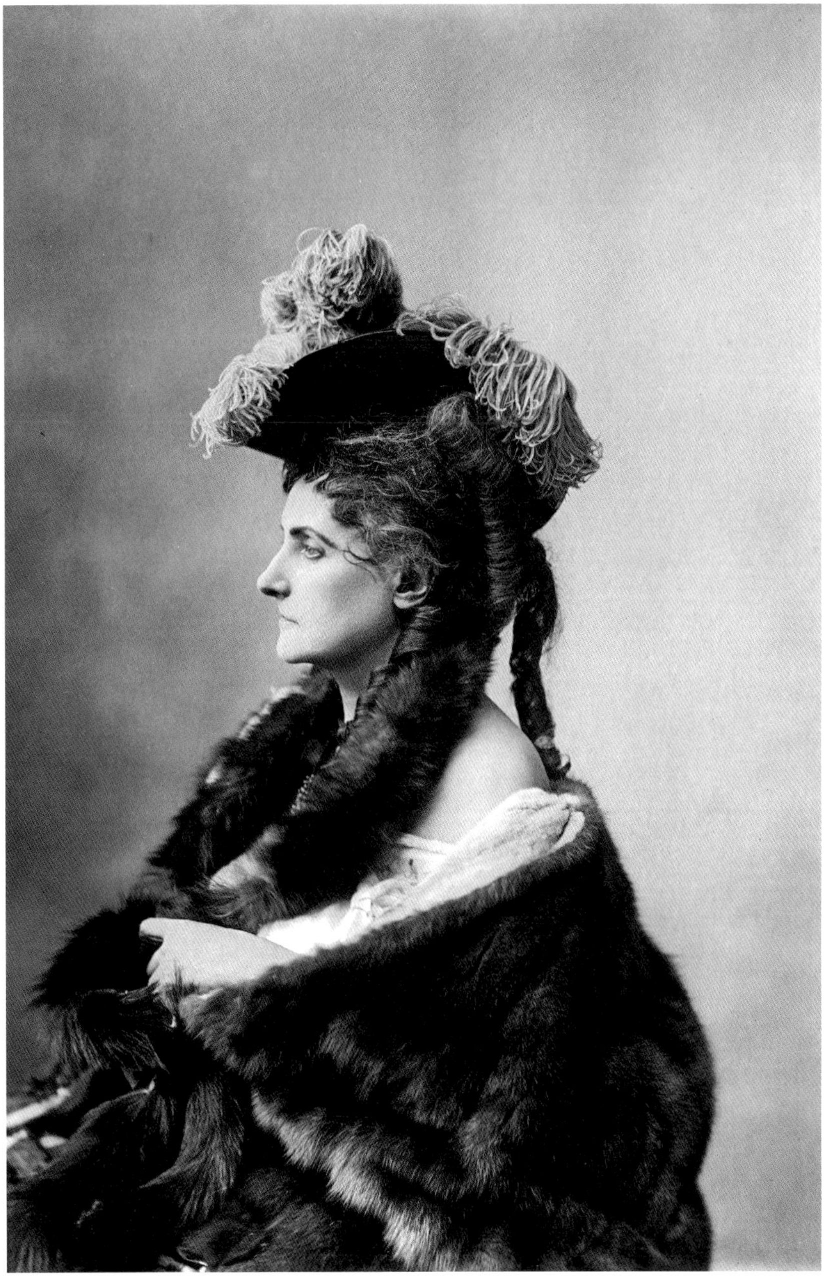

13

Pierre-Louis Pierson

Die Contessa di Castiglione im Hermelinmantel, um 1860

Glasnegativ, 23,9 x 30 cm

Caissette 268, n° 030

Musée d'Unterlinden, Colmar

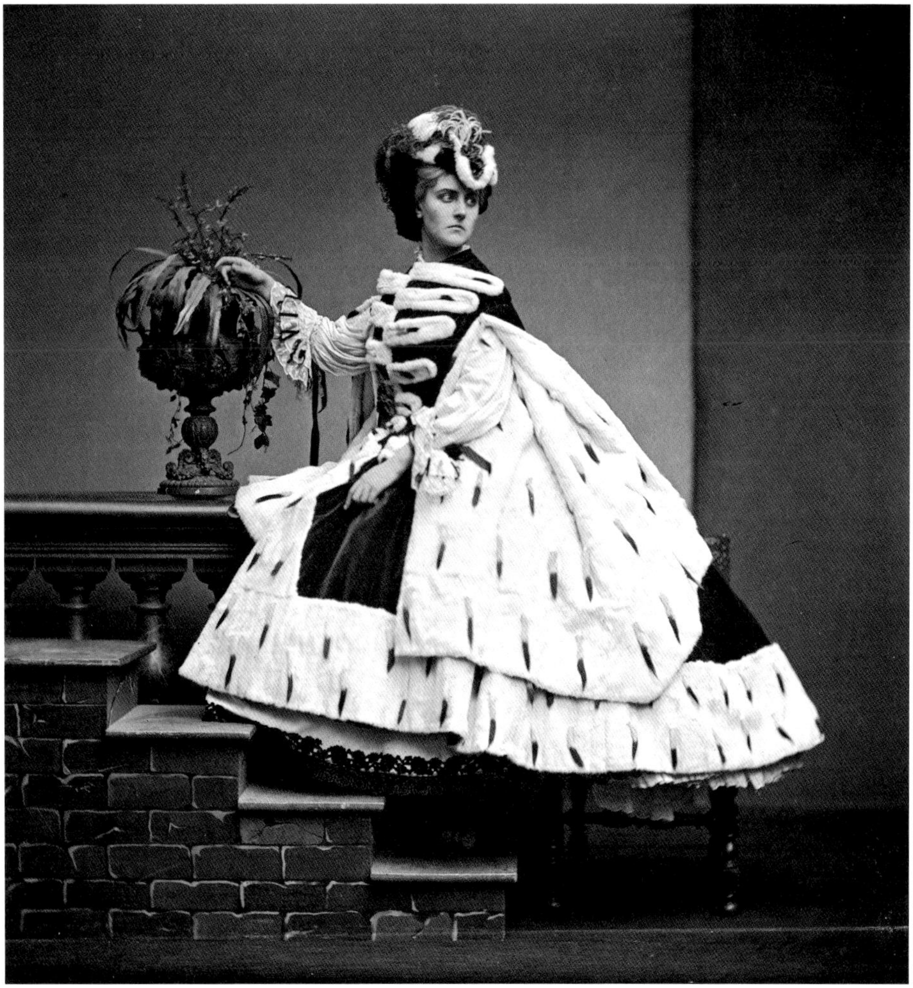

14

Pierre-Louis Pierson

Die Contessa di Castiglione im Hermelinmantel mit Kind (vermutlich ihr Sohn Georges), um 1860

Glasnegativ, 23,9 x 30 cm

Caissette 268, n° 031

Musée d'Unterlinden, Colmar

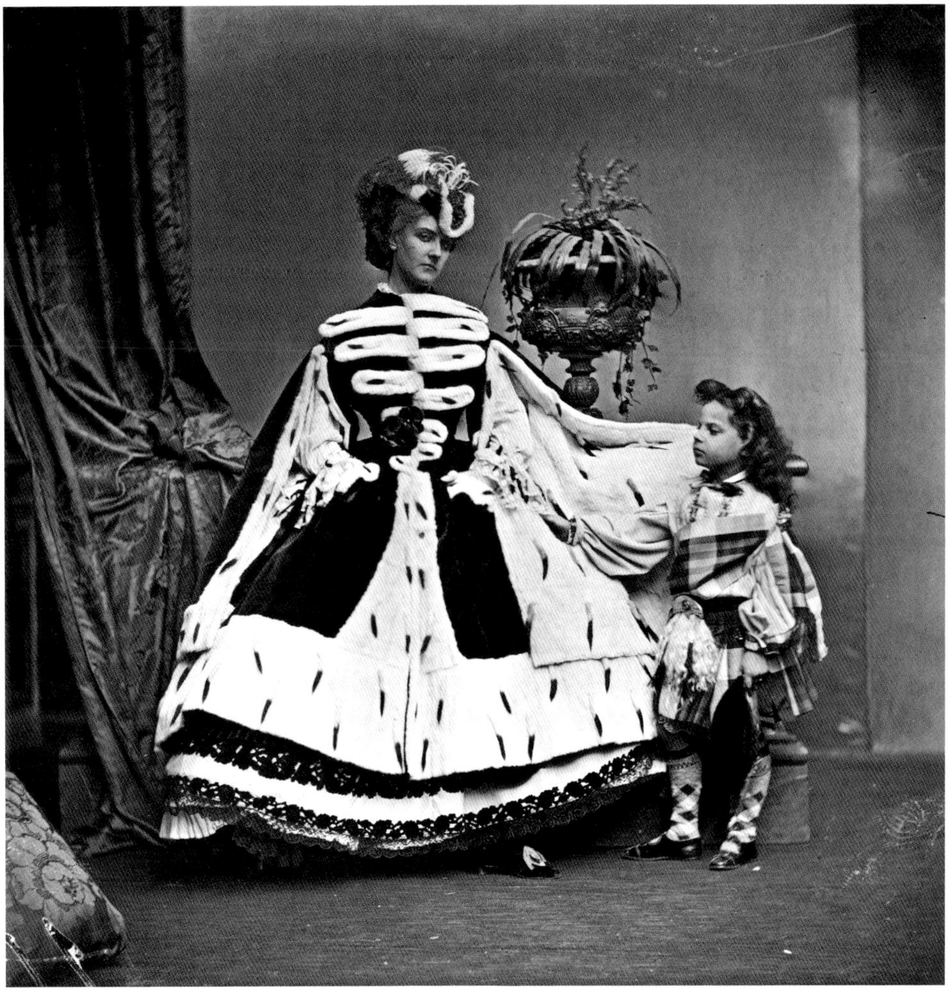

III

Eremitage und Demimonde – Lebensphilosophie Tableau vivant

15
Pierre-Louis Pierson
Album *Midi – Minuit* (*Mittag – Mitternacht*), 1861–67
Fünf Albuminabzüge, 11 x 8,8 cm (vier gr. Bilder),
3,4 x 2,8 cm (kl. Mittelbild), 26 x 21 cm (Seitenformat)
The Metropolitan Museum of Art, New York

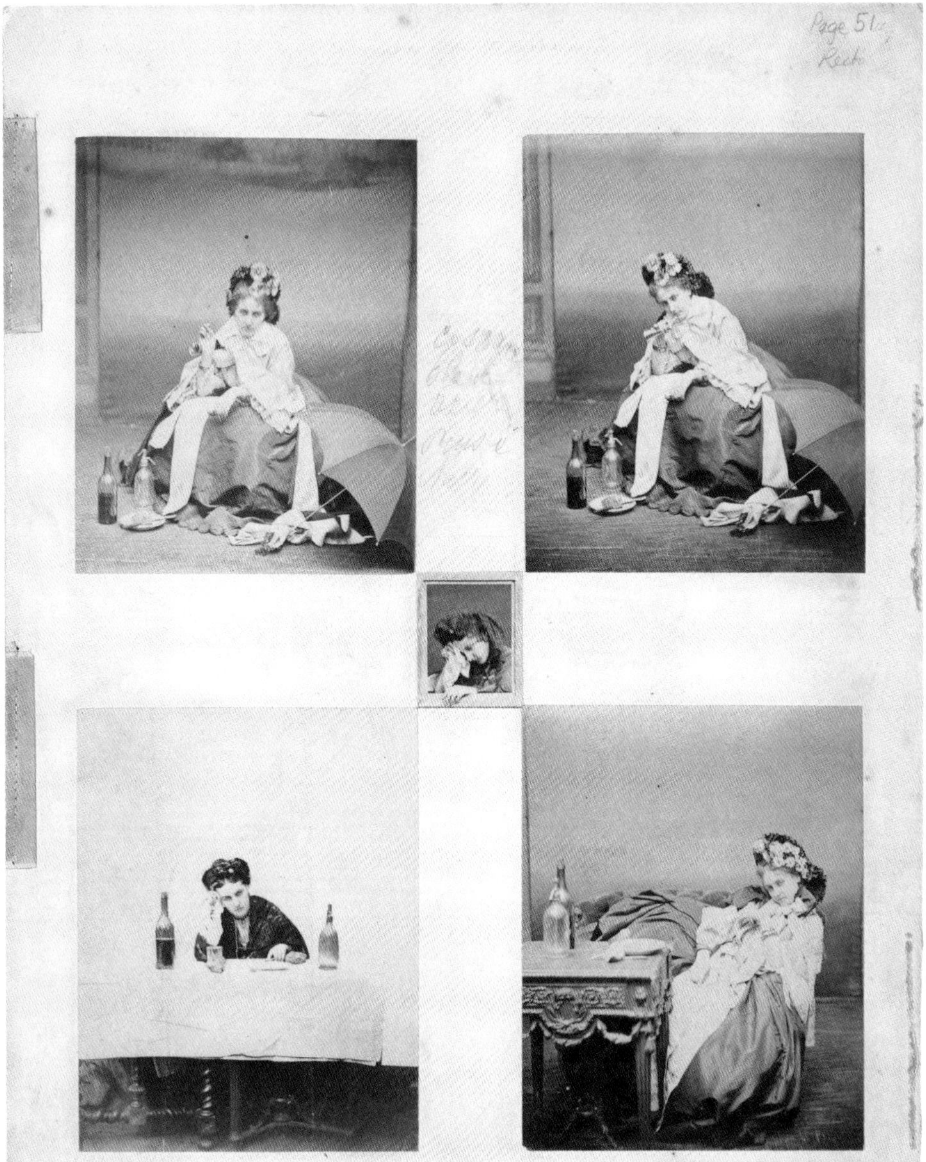
Page 51
61

16

Pierre-Louis Pierson

Die Contessa di Castiglione als weinende Frau mit Taschentuch in einem leeren Bilderrahmen, ca. 1863–66

Albuminabzug, 12 x 14 cm

Musée d'Orsay, Paris

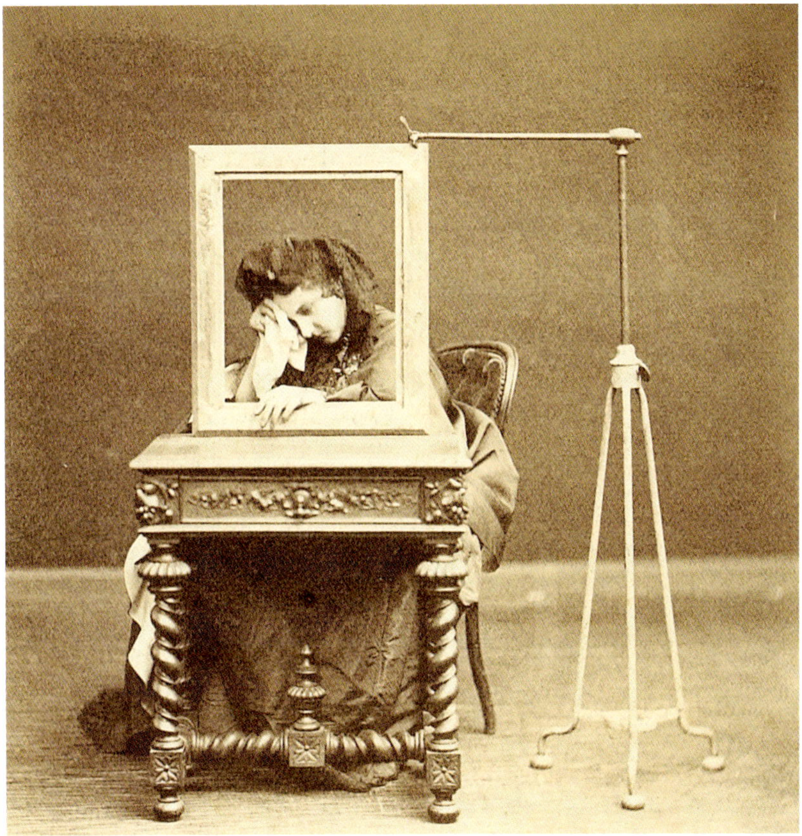

17
Pierre-Louis Pierson
Die Contessa di Castiglione als Malerin, 1895
Silbergelatinenegativ auf Trockenglasplatte, 17,8 x 12,9 cm
Caissette 270, n° 115
Musée d'Unterlinden, Colmar

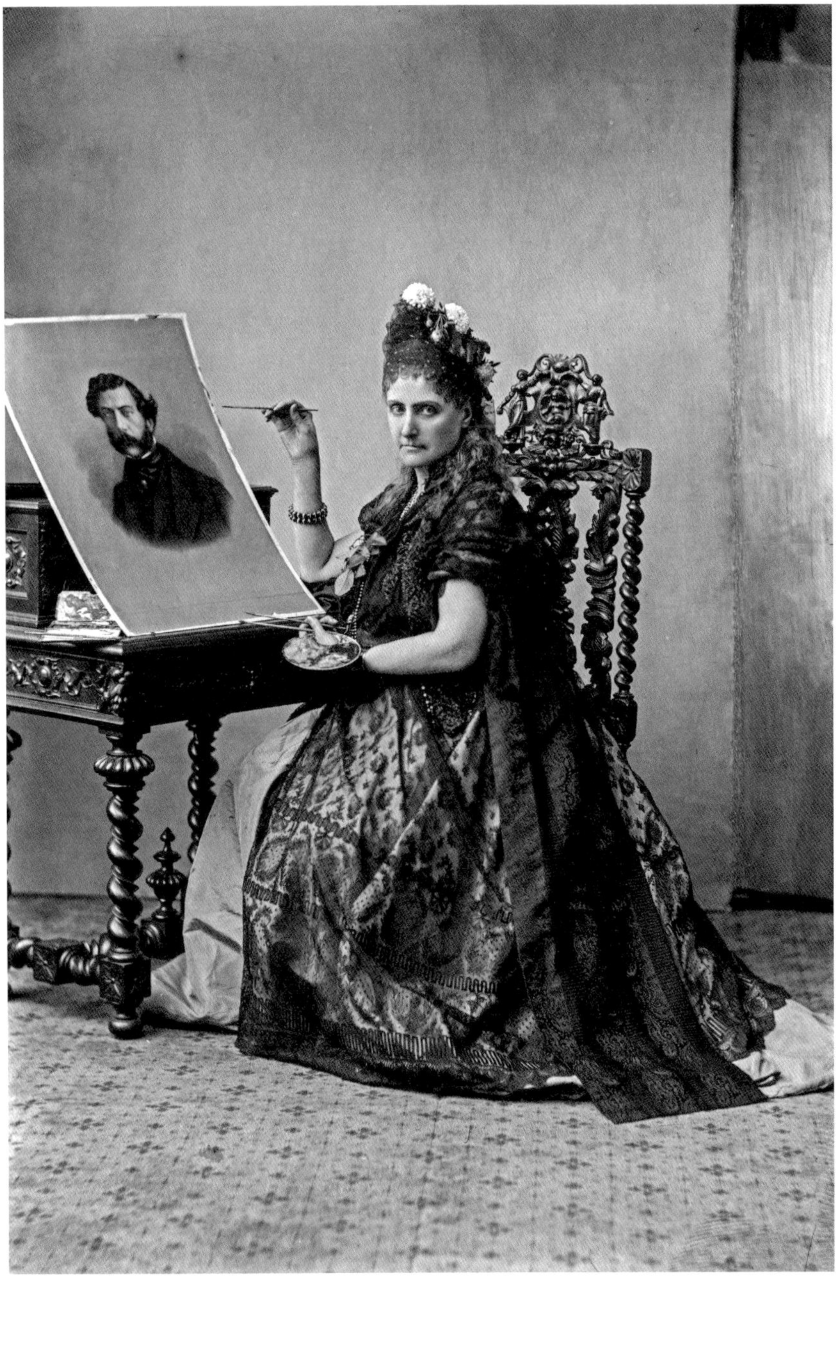

18

Pierre-Louis Pierson

Die Contessa di Castiglione, *London und Ungarn*, 1861–63

Glasnegativ, 24 x 30 cm

Caissette 269, n° 048

Musée d'Unterlinden, Colmar

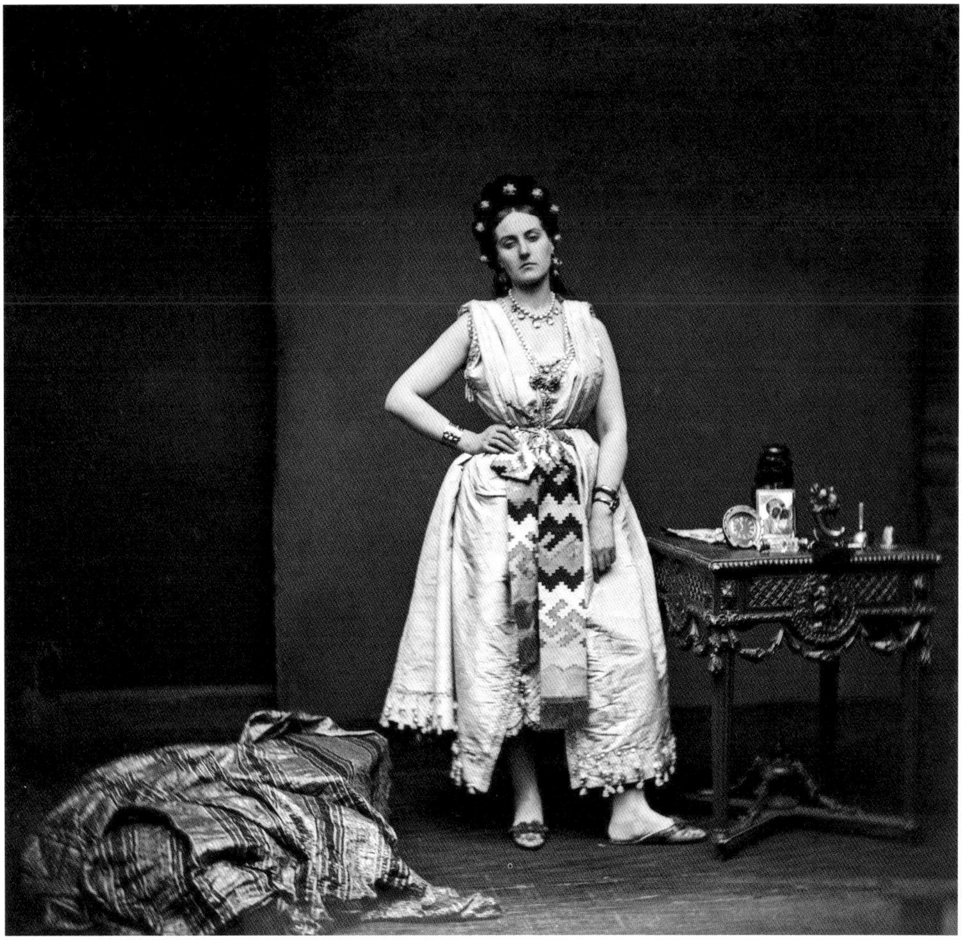

19

Pierre-Louis Pierson

Die Contessa di Castiglione, *London und Ungarn*, 1861–63

Glasnegativ, 24 x 30 cm

Caissette 269, n° 049

Musée d'Unterlinden, Colmar

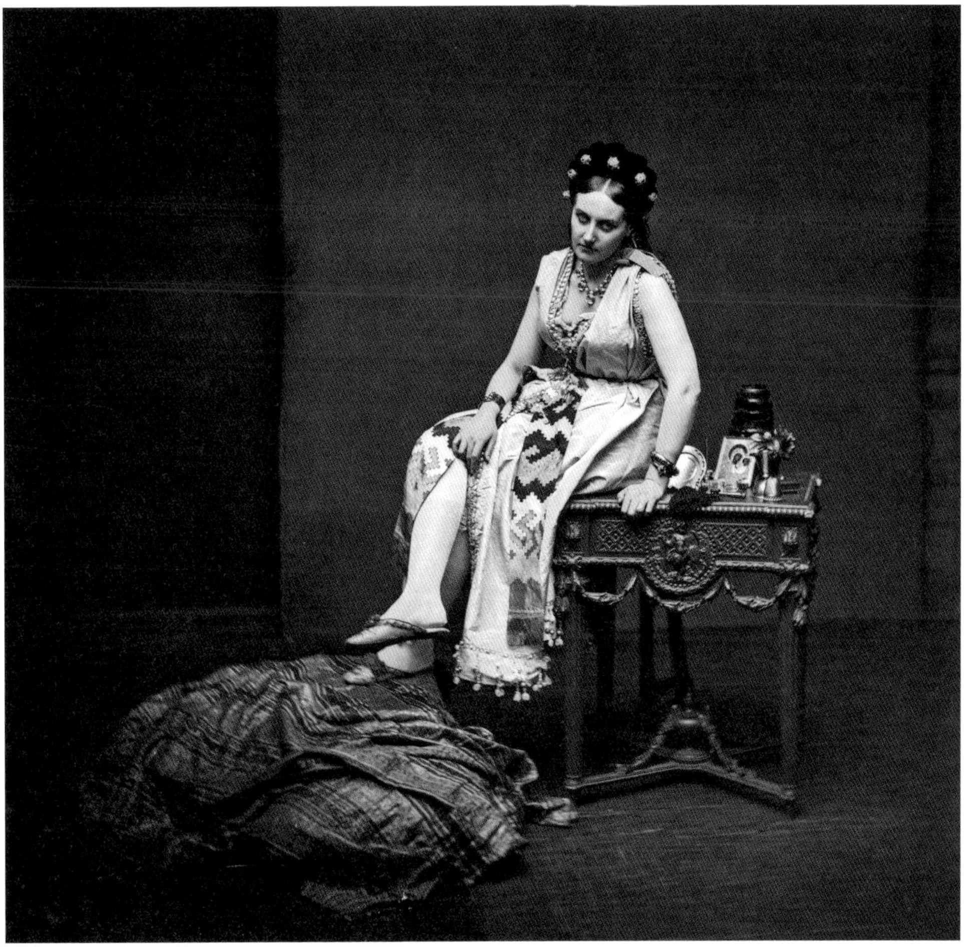

20

Pierre-Louis Pierson

Die Contessa di Castiglione als Rächerin, 1863–67

Glasnegativ, 30 x 23,9 cm

Caissette 269, n° 052

Musée d'Unterlinden, Colmar

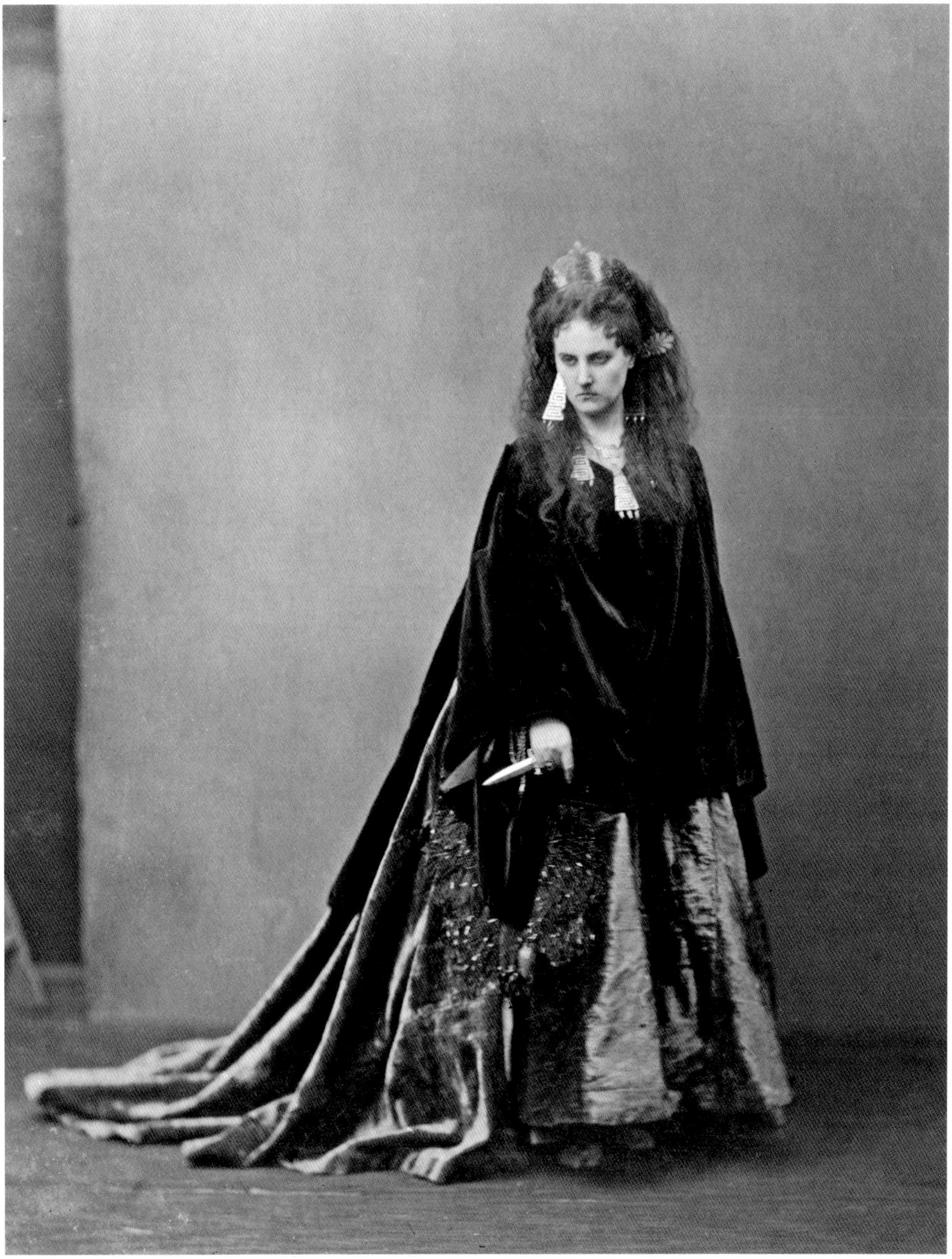

21

Pierre-Louis Pierson

Die Contessa di Castiglione als Mörderin *Judith*, 1861–67

Glasnegativ, 30 x 23,9 cm

Caissette 269, n° 053

Musée d'Unterlinden, Colmar

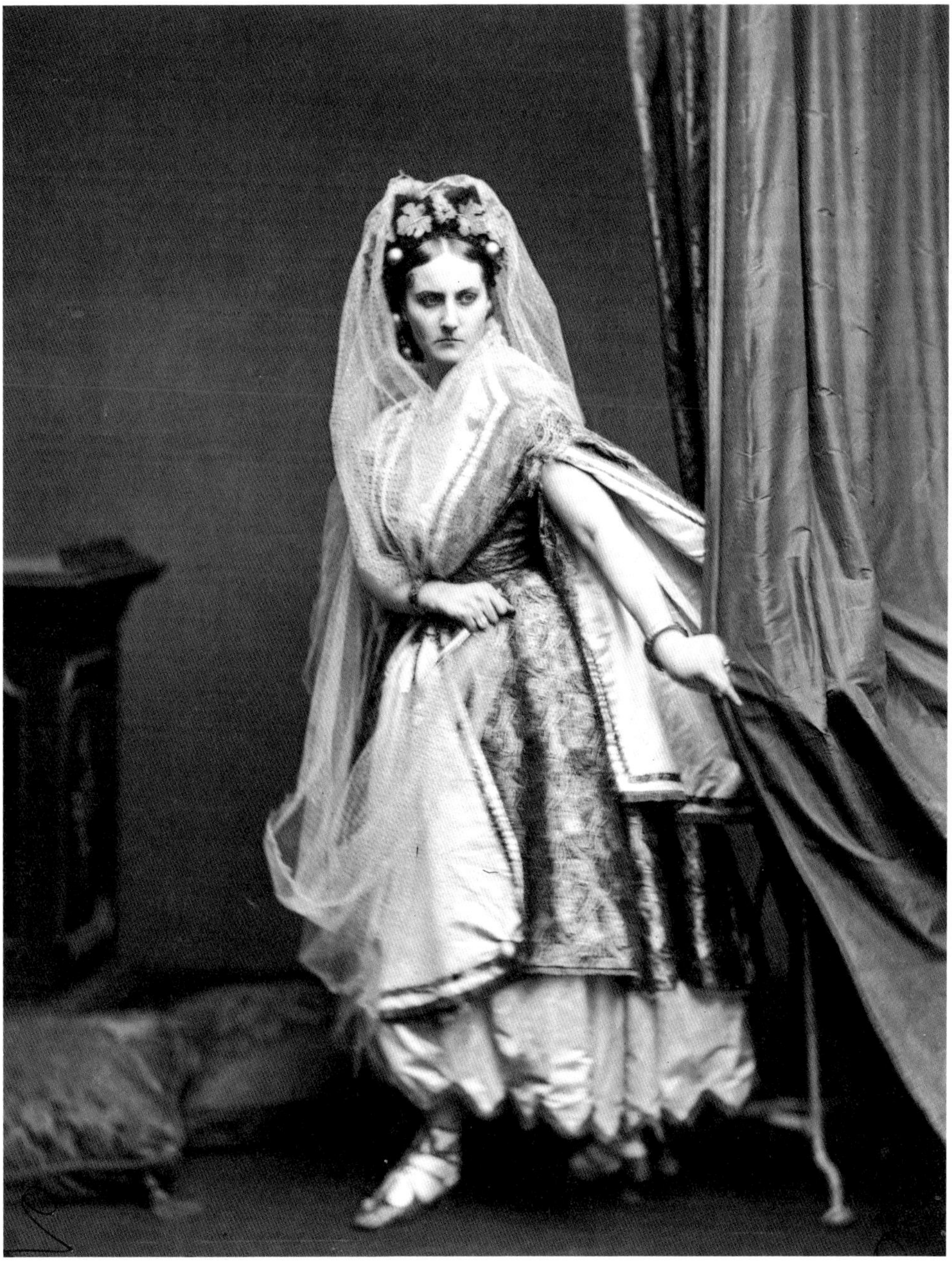

22

Pierre-Louis Pierson

Die Contessa di Castiglione als Trinkerin, *Minuit* (*Mitternacht*), 1861–67

Glasnegativ, 24 x 30 cm

Caissette 269, n° 096

Musée d'Unterlinden, Colmar

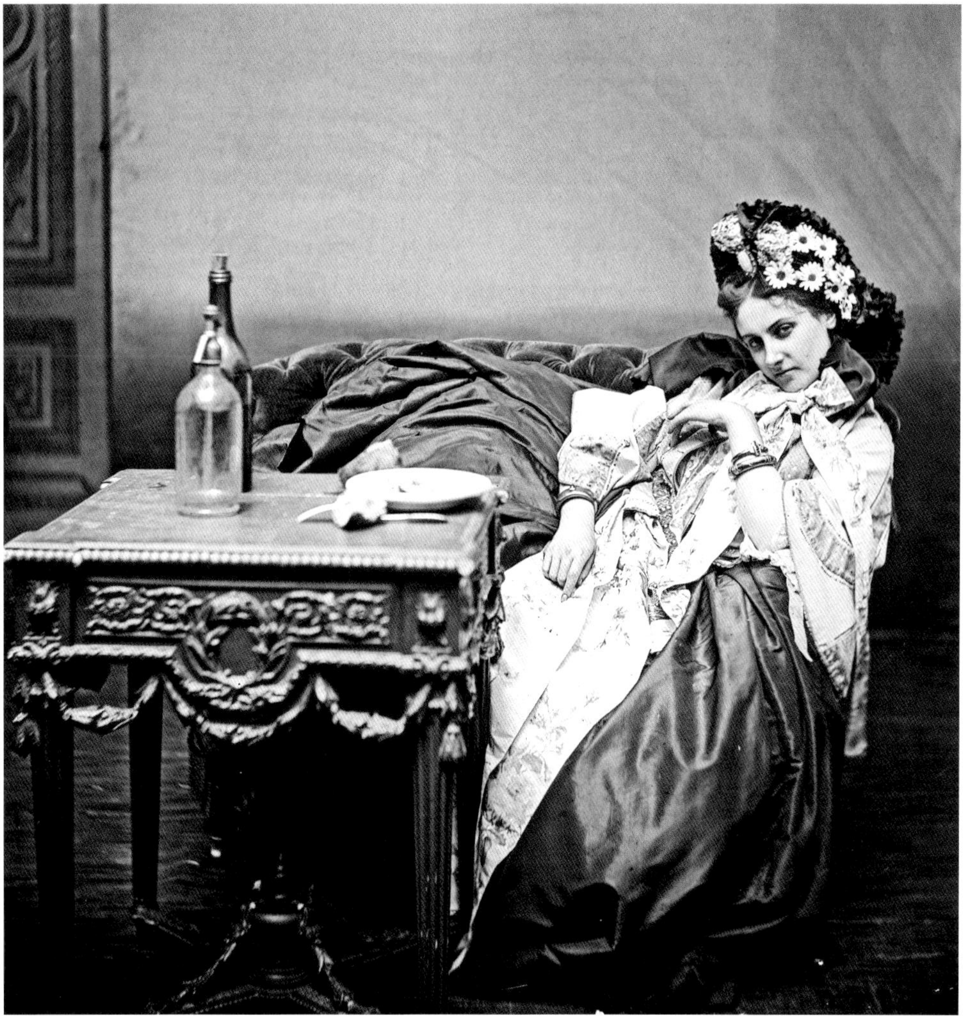

23

Pierre-Louis Pierson

Contessa di Castiglione, *Pont-Neuf*, 1861–67

Glasnegativ, 23,9 x 29,9 cm

Caissette 269, n° 042

Musée d'Unterlinden, Colmar

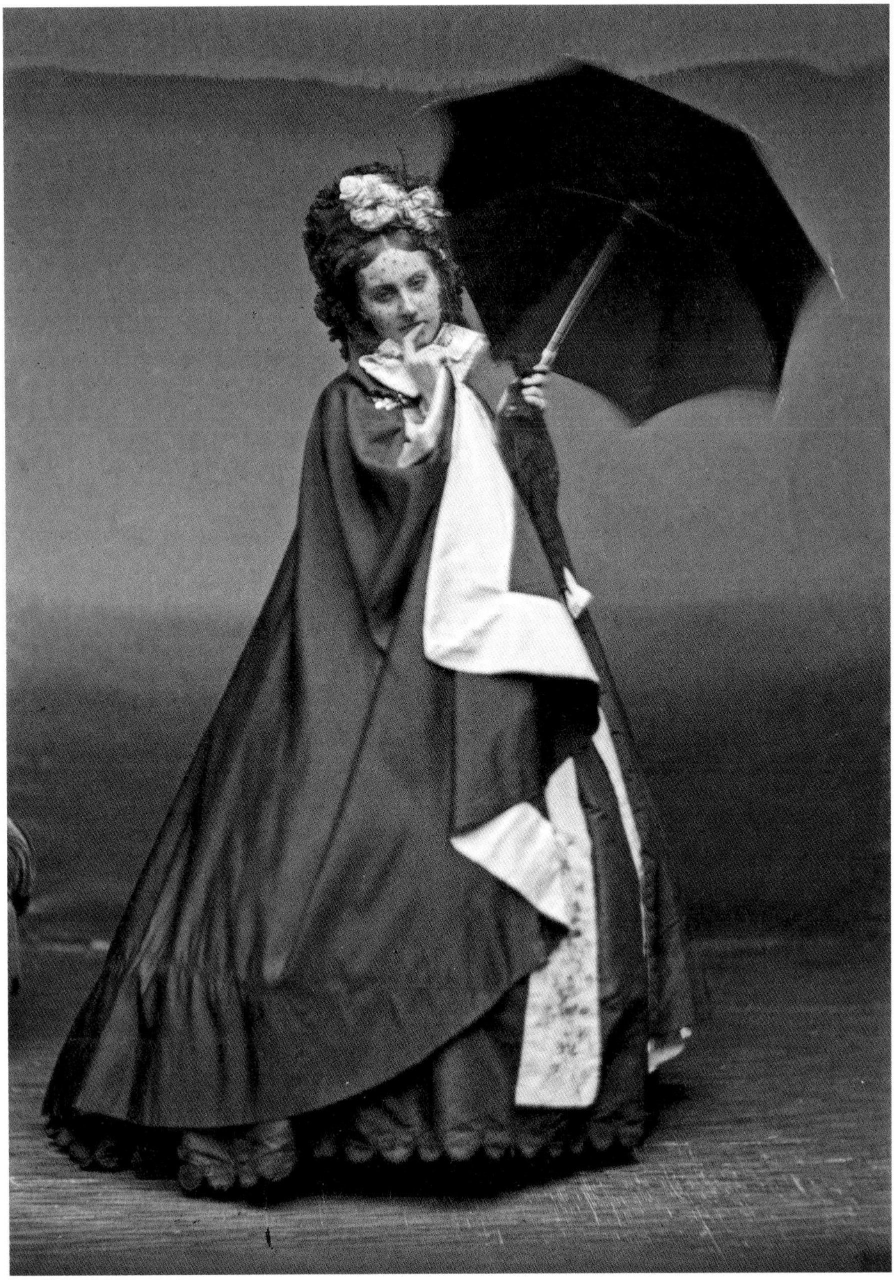

IV

Scherzo di Follia – Witz und Persiflage

24
Pierre-Louis Pierson
Contessa di Castiglione, Serie *Scherzo di Follia* (*Witz der Verrücktheit*), 1861–67
Glasnegativ, 13,8 x 17,2 cm
Caissette 268, n° 010
Musée d'Unterlinden, Colmar

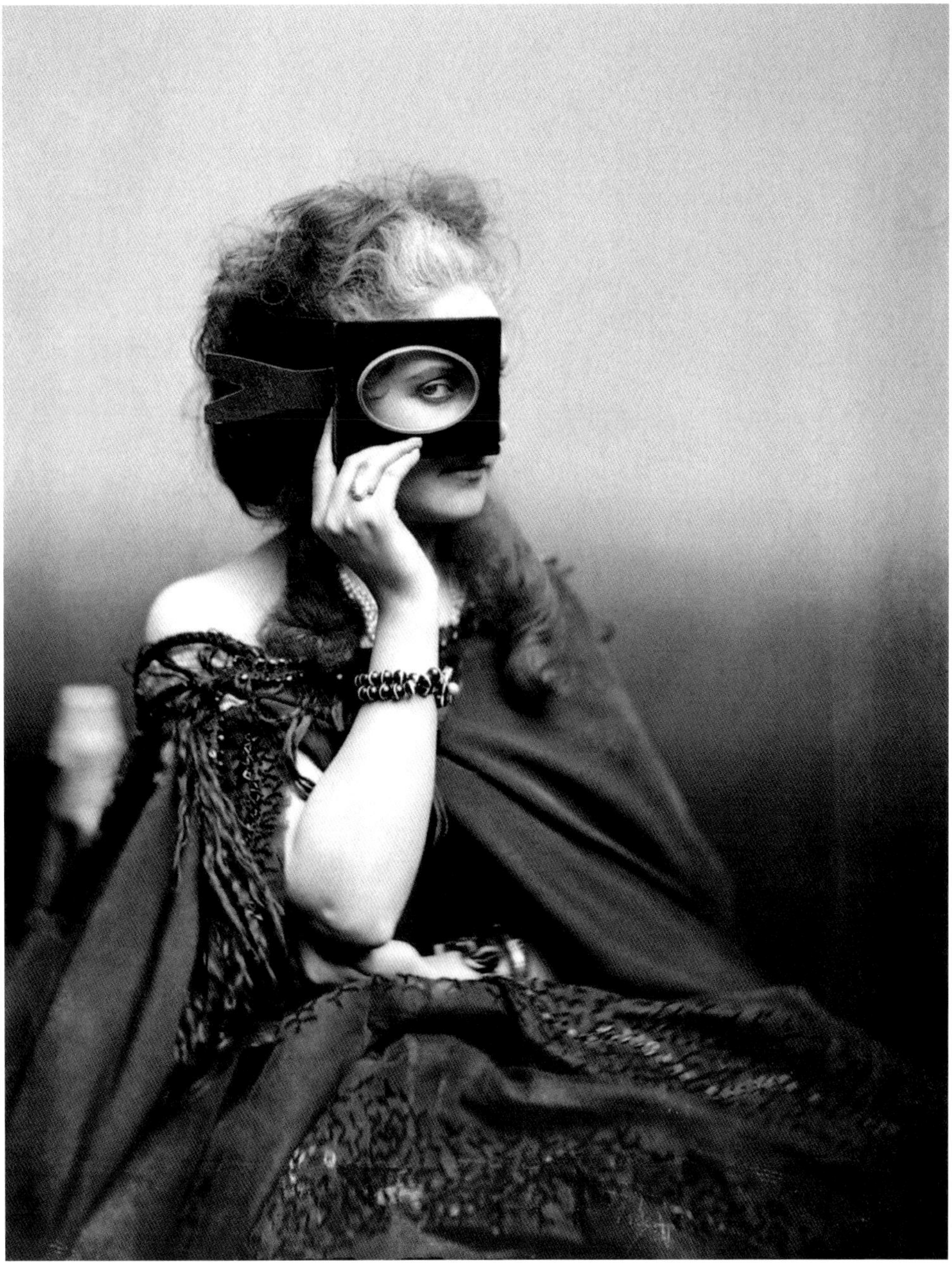

25

Pierre-Louis Pierson

Contessa di Castiglione, Serie *Scherzo di Follia* (*Witz der Verrücktheit*), 1861–67

Glasnegativ, 13,8 x 21 cm

Caissette 268, n° 003

Musée d'Unterlinden, Colmar

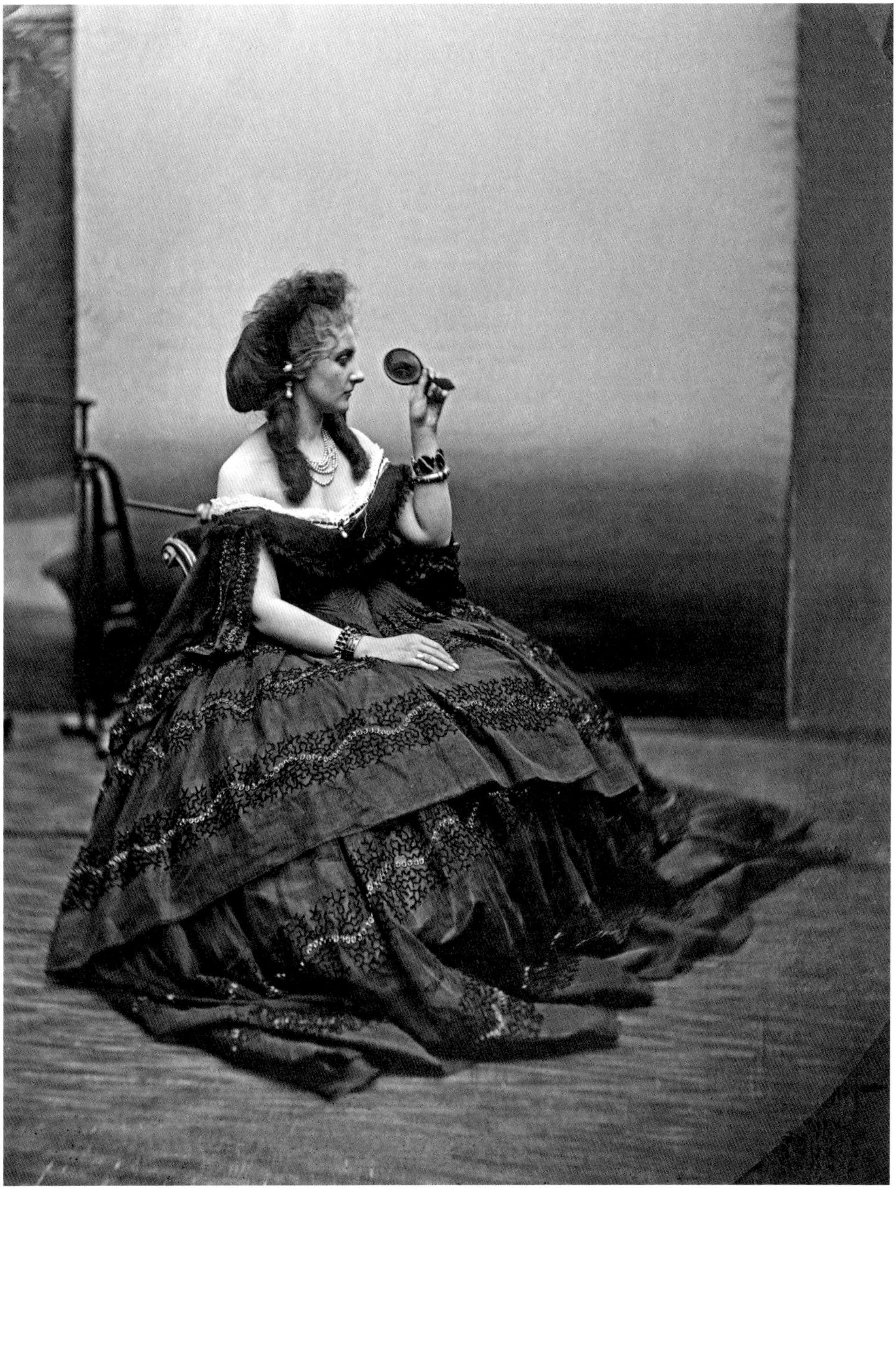

26

Pierre-Louis Pierson

Contessa di Castiglione, *Le coq chante* (*Der Hahn kräht*), 1861–67

Glasnegativ, 23,9 x 29,9 cm

Caissette 269, n° 093

Musée d'Unterlinden, Colmar

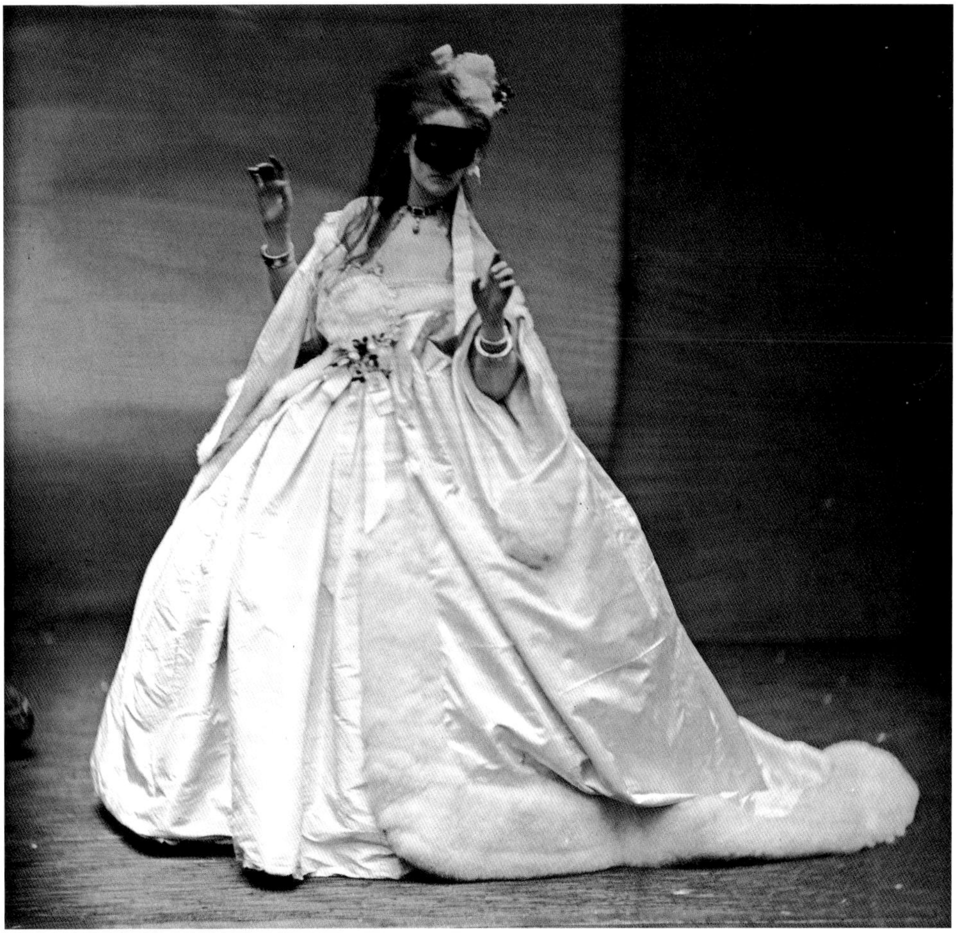

27

Pierre-Louis Pierson

Contessa di Castiglione, *Silence* (*Stille*), 1861–67

Glasnegativ, 23,9 x 29,9 cm

Caissette 269, n° 094

Musée d'Unterlinden, Colmar

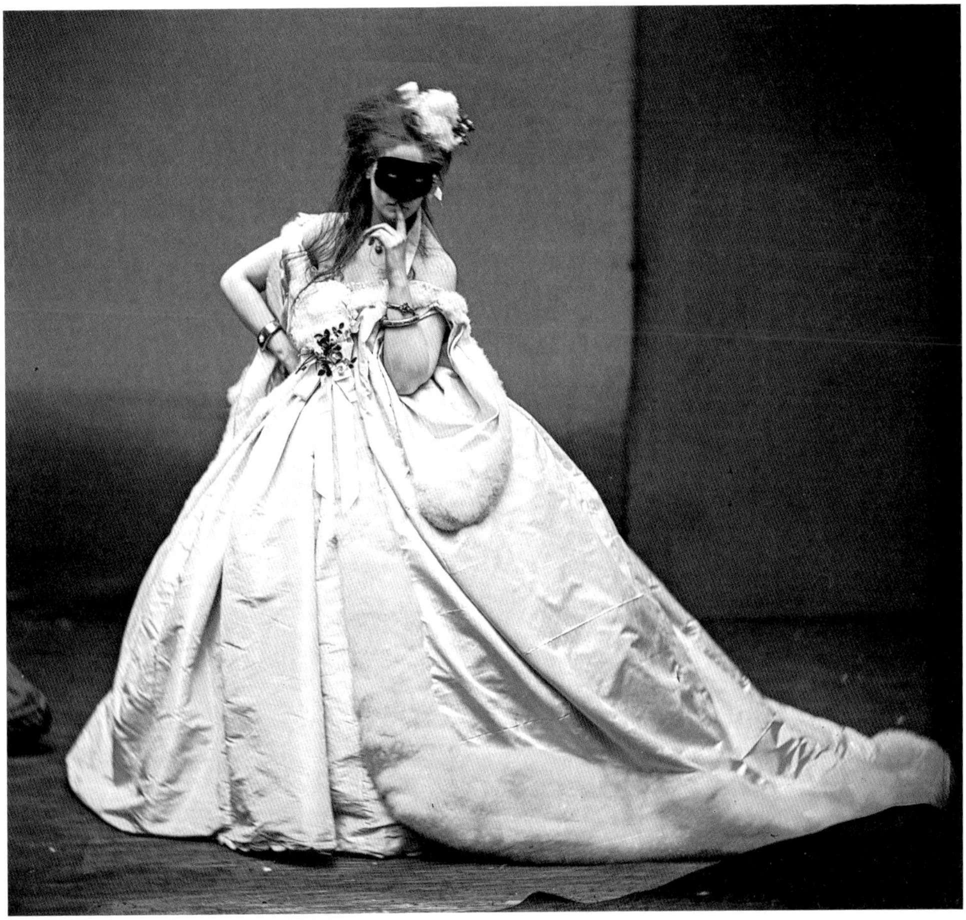

28

Pierre-Louis Pierson

Contessa di Castiglione, *Die Liegende*, 1861–67

Glasnegativ, 23,9 x 29,9 cm

Caissette 268, n° 017

Musée d'Unterlinden, Colmar

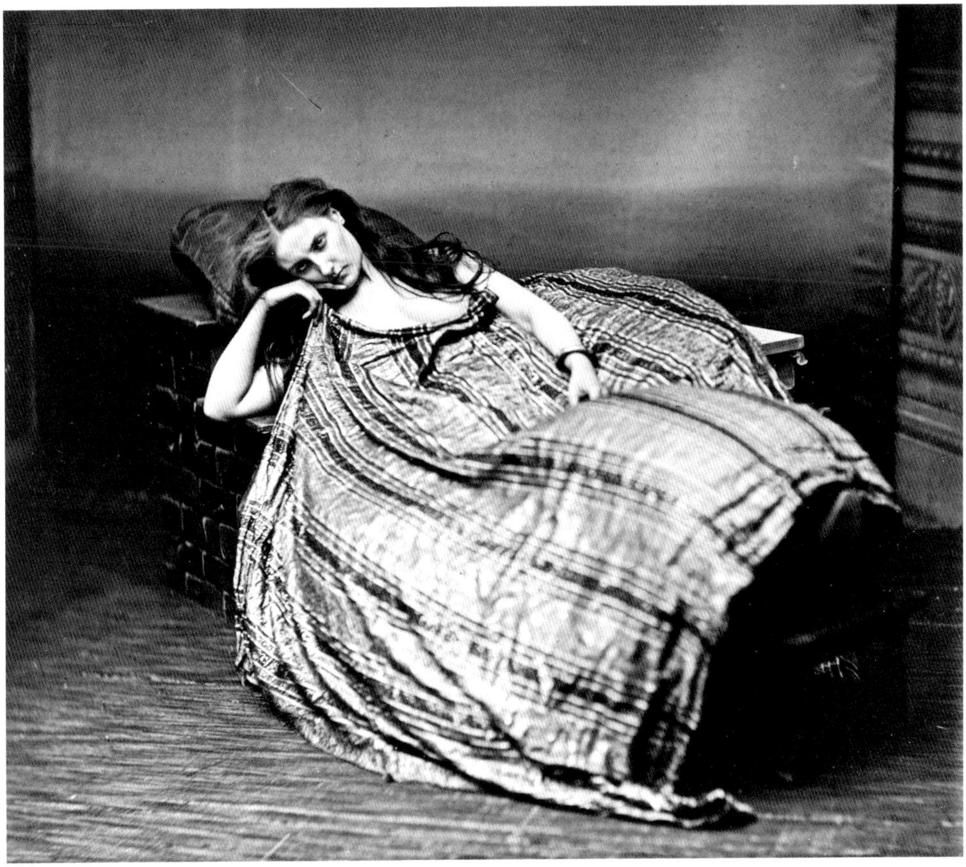

29

Pierre-Louis Pierson

Contessa di Castiglione, *Ein Sonntag*, 1861–67

Glasnegativ, 23,9 x 29,9 cm

Caissette 269, n° 087

Musée d'Unterlinden, Colmar

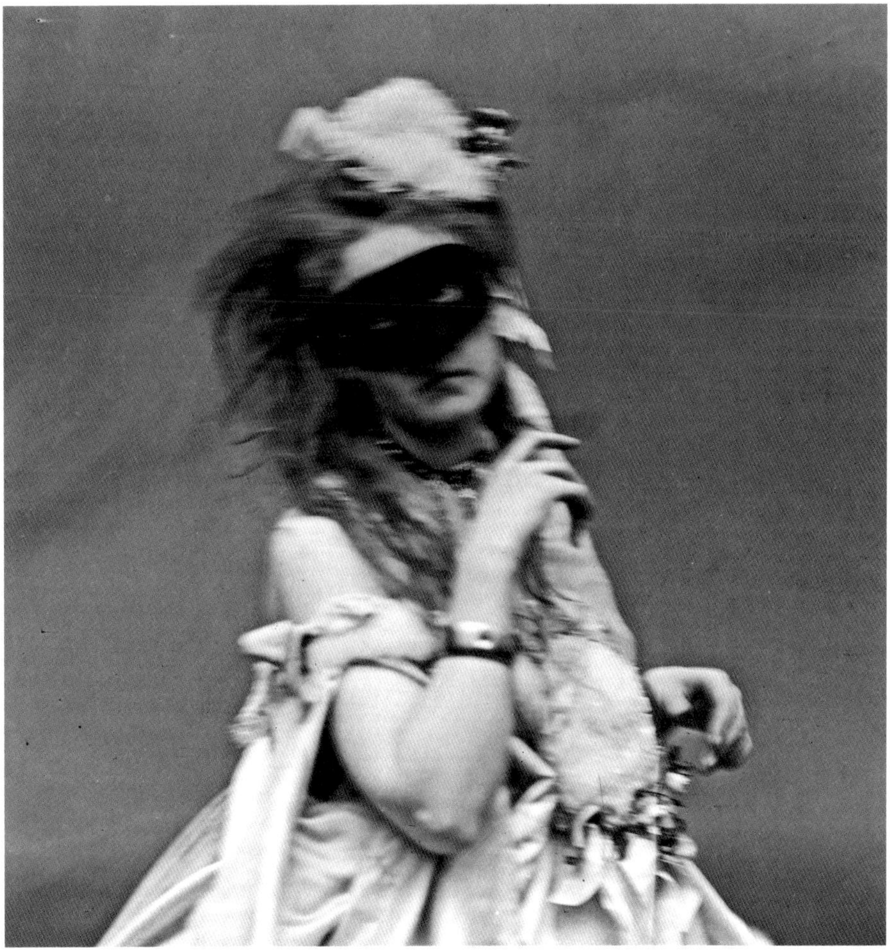

30
Pierre-Louis Pierson
Contessa di Castiglione, *Ein Sonntag*, 1861–67
Glasnegativ, 23,9 x 29,9 cm
Caissette 269, n° 088
Musée d'Unterlinden, Colmar

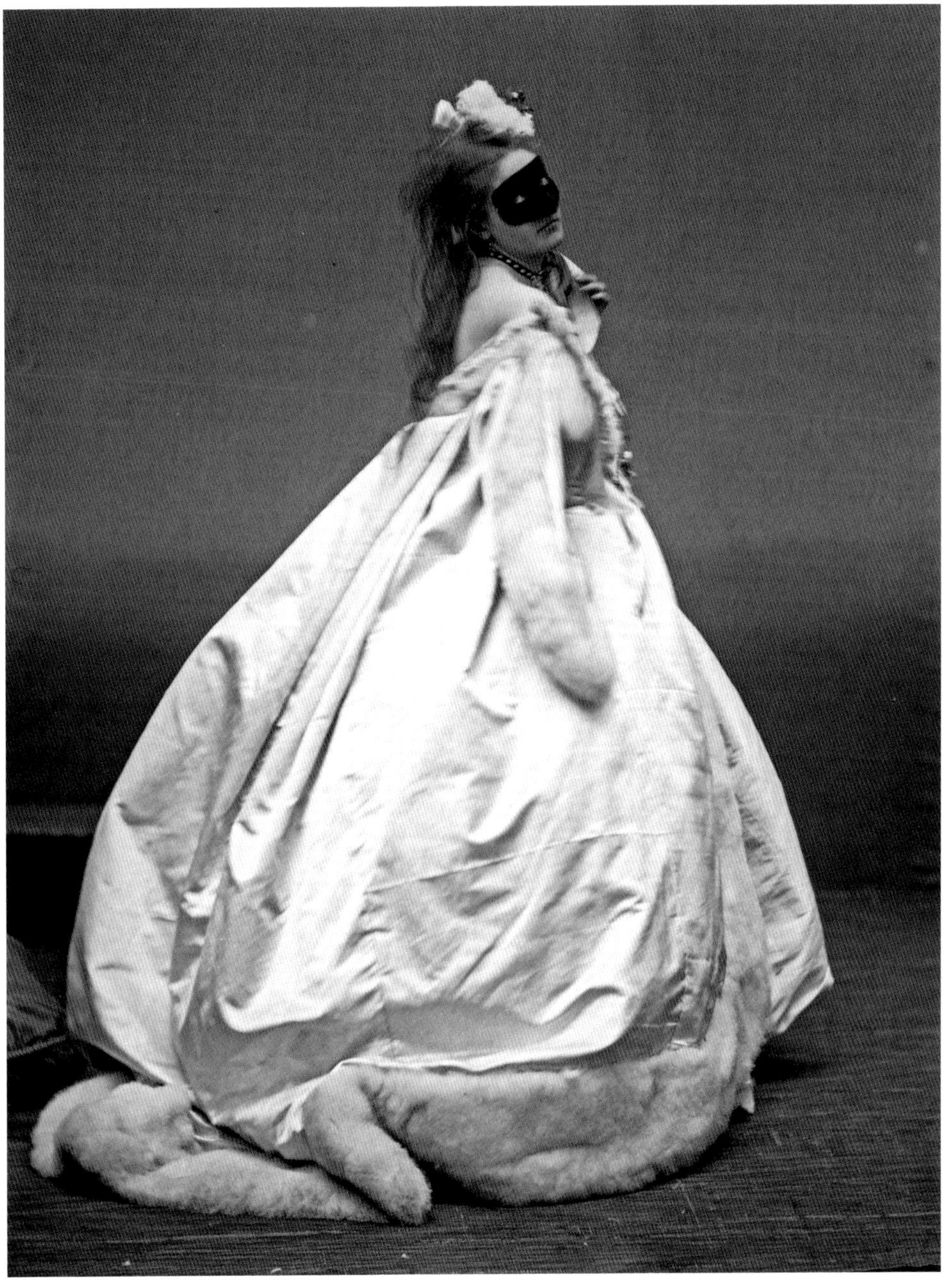

31

Pierre-Louis Pierson

Contessa di Castiglione, Serie *Die rote Schleife*, 1861–67

Glasnegativ, 23,9 x 21 cm

Caissette 268, n° 001

Musée d'Unterlinden, Colmar

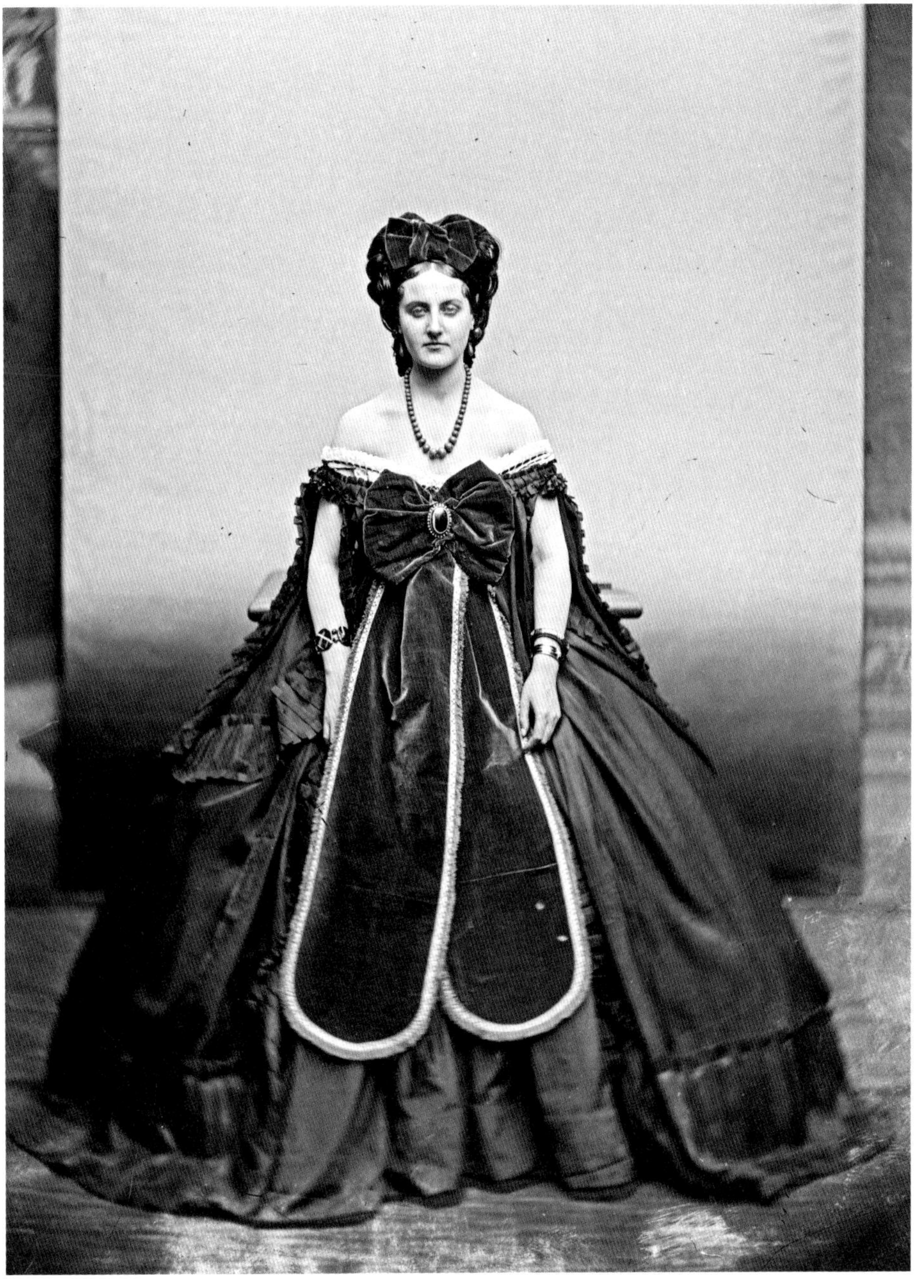

32

Pierre-Louis Pierson

Contessa di Castiglione, Serie *Die rote Schleife*, 1861–67

Glasnegativ, 23,8 x 21 cm

Caissette 268, n° 002

Musée d'Unterlinden, Colmar

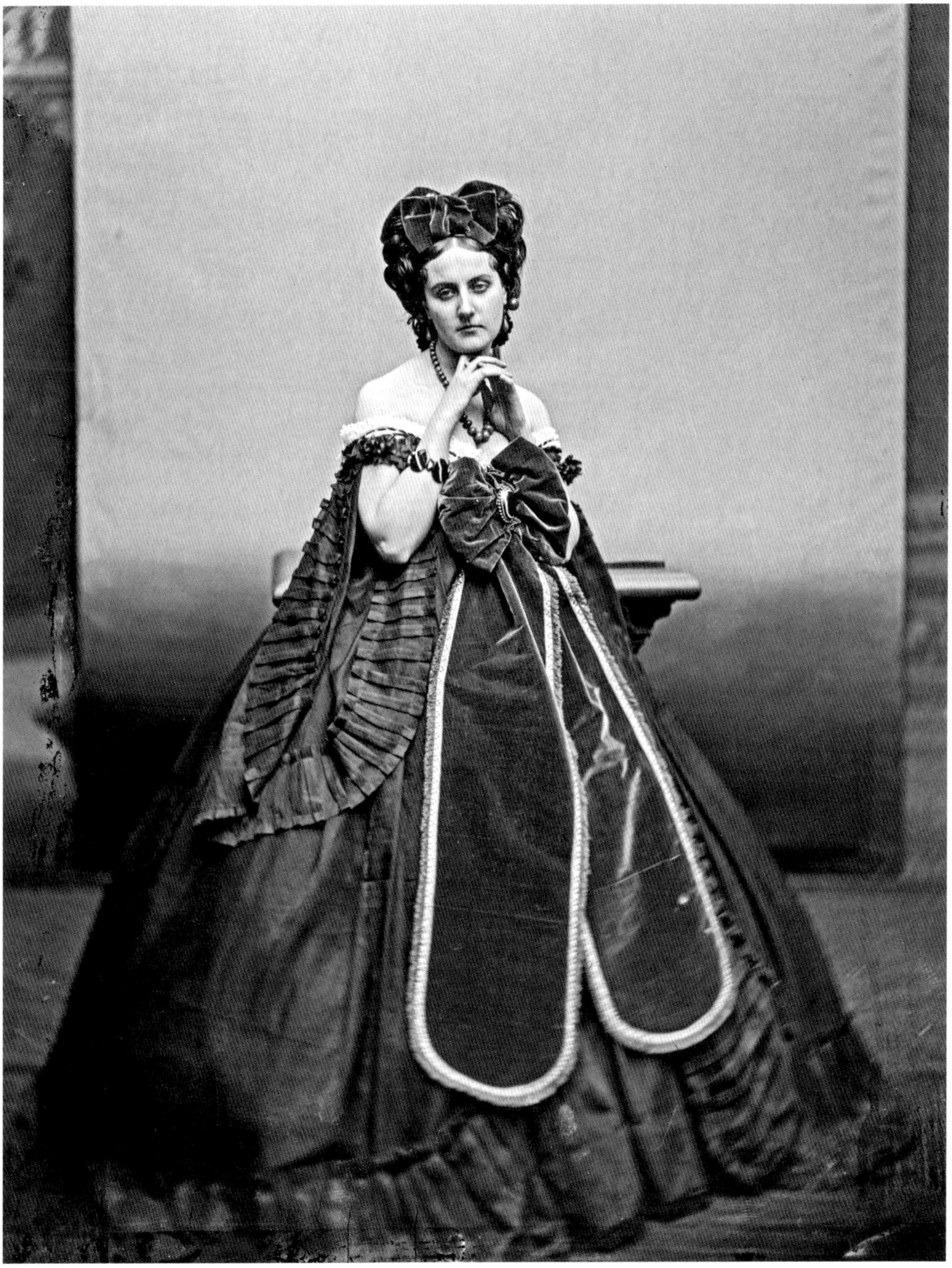

33
Pierre-Louis Pierson
Contessa di Castiglione, *L'innocence* (*Die Unschuld*), 1861–67
Glasnegativ, 23,9 x 29,9 cm
Caissette 269, n° 060
Musée d'Unterlinden, Colmar

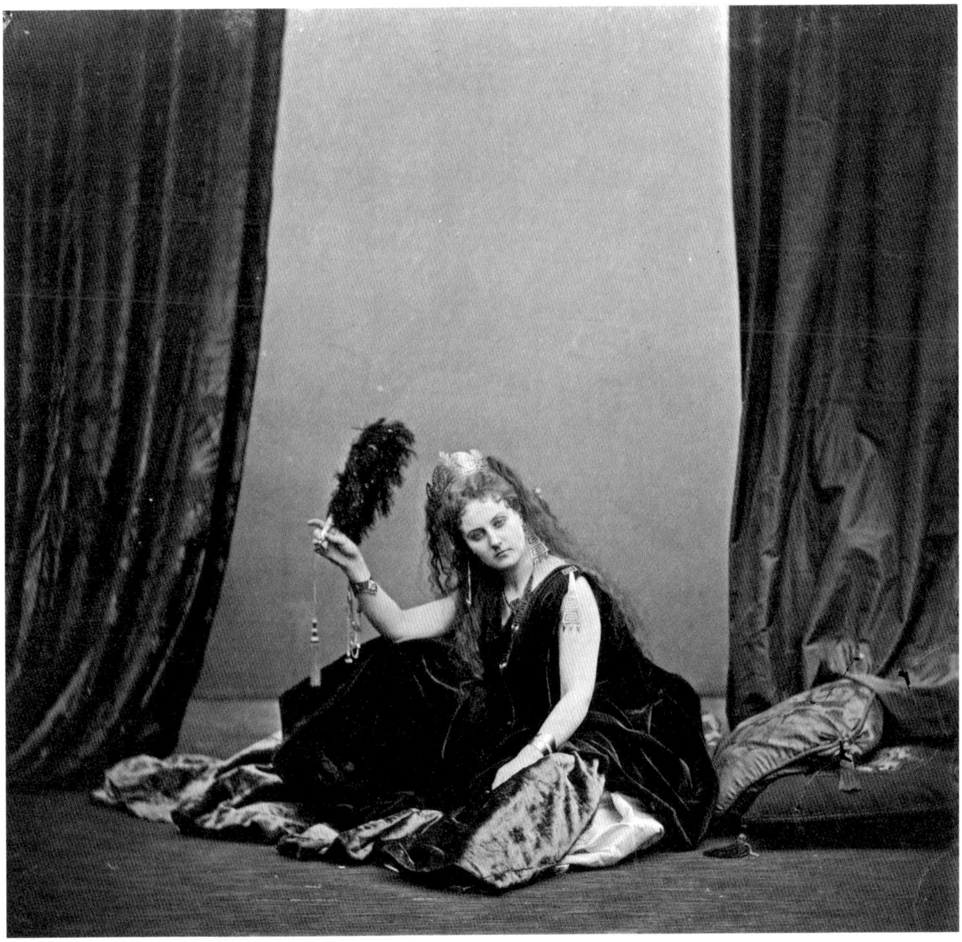

V

Die Füße der Gräfin

34
Pierre-Louis Pierson
Fuß der Contessa di Castiglione in Sandale, 1861–67
Glasnegativ, 23,9 x 29,9 cm
Caissette 269, n° 062
Musée d'Unterlinden, Colmar

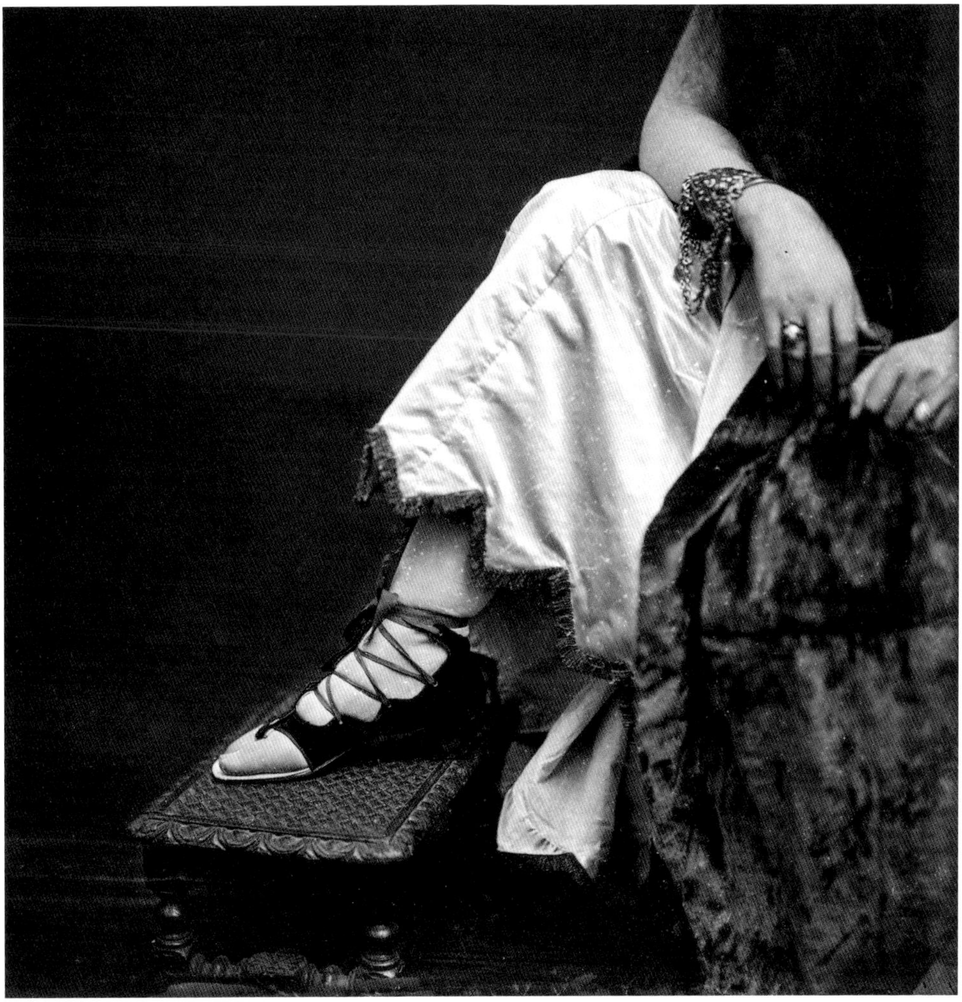

35
Pierre-Louis Pierson
Die Füße der Contessa di Castiglione, um 1860
Albuminabzug, 17,8 x 12,9 cm
The Metropolitan Museum of Art, New York

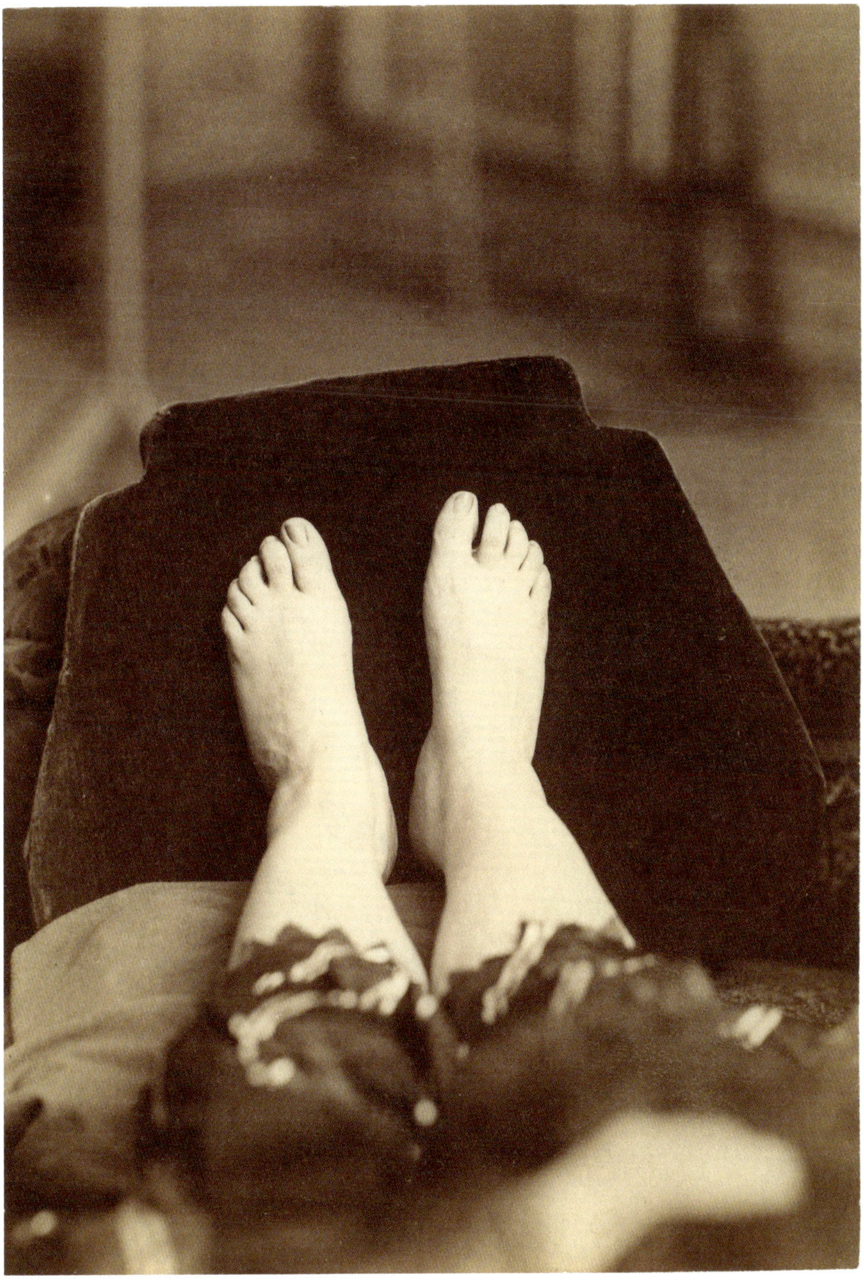

36

Pierre-Louis Pierson

Die Füße der Contessa di Castiglione, 1861–67

Glasnegativ, 23,8 x 29,9 cm

Caissette 269, n° 044

Musée d'Unterlinden, Colmar

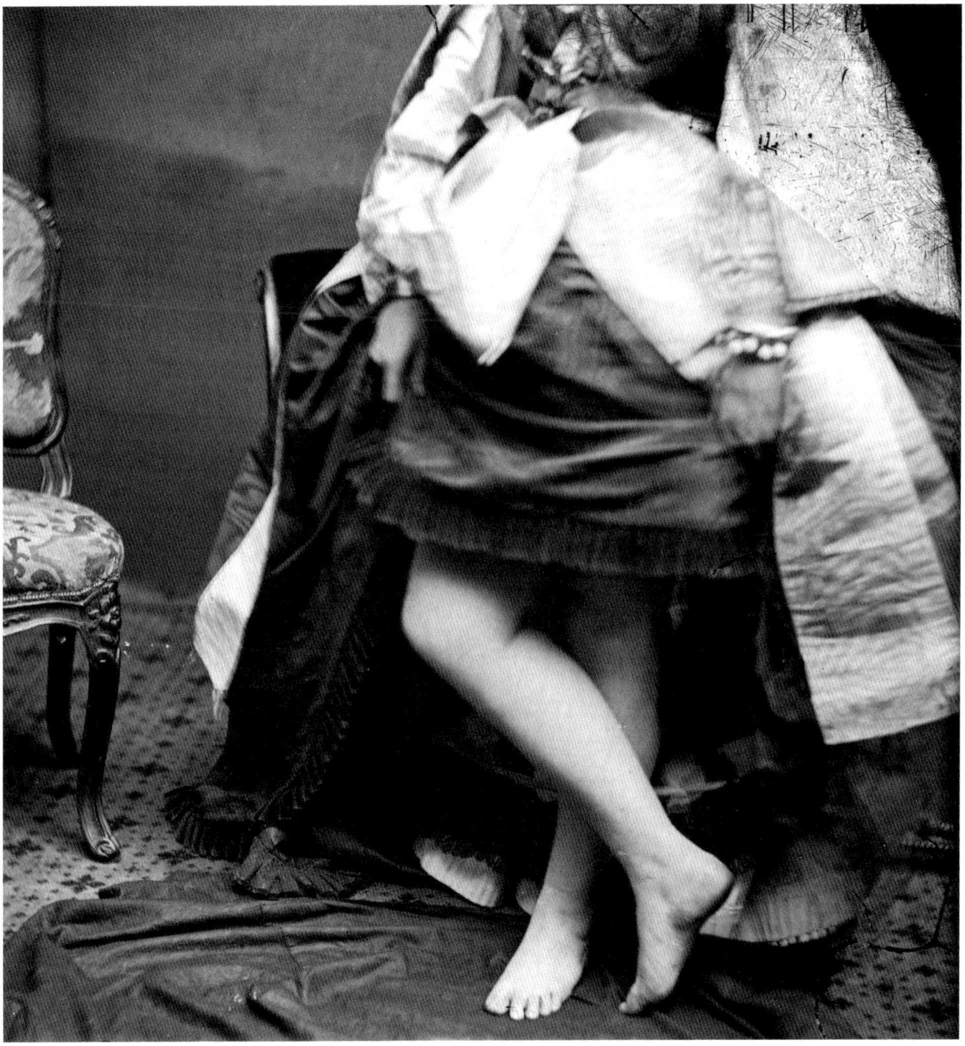

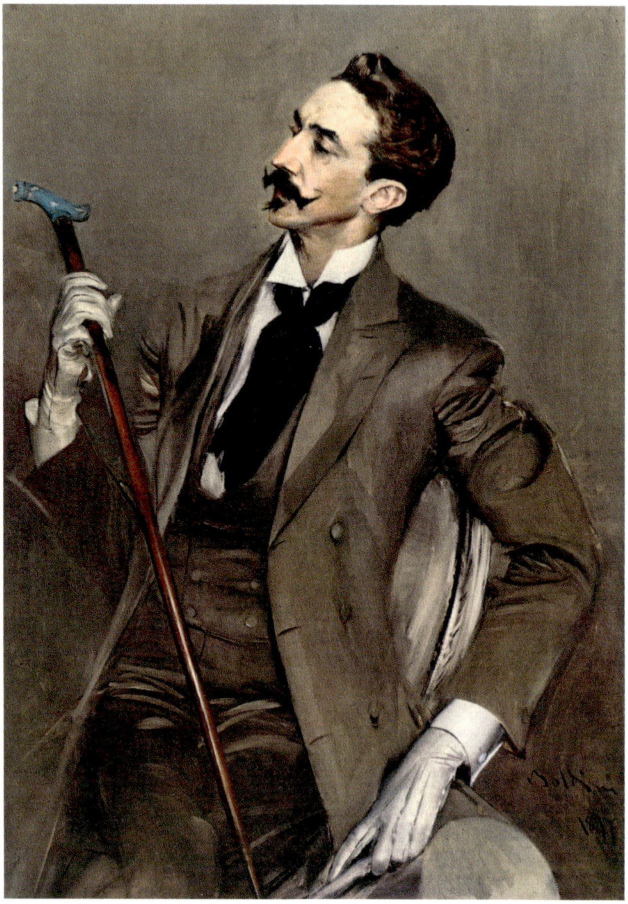

ABB. 28
Giovanni Boldini, *Portrait des Grafen Robert de Montesquiou*, 1897
Öl auf Leinwand, 116 x 82,5 cm, Musée d'Orsay

Die drei Kostüme

der *Divine Comtesse*
von Robert de Montesquiou, 1913
Eine Einleitung

Das 1913 erschienene, 245 Seiten umfassende biographische Werk von Robert de Montesquiou*, des französischen Schriftstellers, Kunstliebhabers und -sammlers, des Dandys und lebenslangen Verehrers der Contessa di Castiglione, eröffnet uns einen mikroskopisch feinen Blick auf unterschiedliche Facetten im Leben der »göttlichen Gräfin«. Die opulente Publikation folgte unmittelbar auf die Romanbiographie von Frédéric Loliée, die bereits 1912 in Paris erschienen war und sich auf die unveröffentlichten Briefe der Gräfin stützt. Montesquiou, der nach dem Tod der Contessa di Castiglione – wie er selbst sagte – 434 Fotografien und zahlreiche Objekte aus ihrem Nachlass erworben hatte, bebilderte seine Biographie mit zahlreichen Fotogafien der Protagonistin, allesamt von der Hand Pierre-Louis Piersons.

Robert de Montesquiou, 1855 in Paris geboren und 1921 in Menton gestorben, war Zeitgenosse unter anderem von Stéphane Mallarmé, Oscar Wilde, James McNeill Whistler, Gabriele D'Annunzio und Joris-Karl Huysmans; mit dem sechzehn Jahre jüngeren Marcel Proust war er freundschaftlich verbunden. In seinem 1884 veröffentlichten Roman *À rebours* (*Gegen den Strich*) legte Huysmans seinen Romanhelden Jean Floressas Des

Esseintes nach dem Vorbild Montesquious an, und Marcel Proust hat ihm in der Figur des Baron de Charlus in seinem Romanzyklus *À la recherche du temps perdu* (*Auf der Suche nach der verlorenen Zeit*) ein Denkmal gesetzt.

In jüngster Zeit wurde Montesquiou noch einmal zur literarischen Figur: in der 2019 erschienenen Biographie *The Man in the Red Coat* (*Der Mann im roten Rock*) des englischen Schriftstellers Julian Barnes. Erzählt wird die Geschichte des damals berühmten Gynäkologen Dr. Samuel Pozzi, der zusammen mit Edmond de Polignac und Robert de Motesquiou im Sommer 1885 gemeinsam auf Reisen geht.

Graf Robert de Montesquiou-Fezensac war der Inbegriff eines Aristokraten und Dandys, die Verkörperung eines ausgeprägten Narzissmus am Fin de Siècle – niemand wäre prädestinierter gewesen, die Biographie der schönen Contessa di Castiglione zu schreiben.

Die hier ausgewählte Passage belegt anhand der genauen Interpretation und Darstellung dreier Kostüme von ganz unterschiedlicher Natur und Aussagekraft die Passion der Contessa di Castiglione, sich zu verkleiden und in andere Rollen zu schlüpfen. Als Eremitin von Passy, gewandet in dunkler, schwerer Kutte, führt die schöne Gräfin ihren Ruf als Femme fatale des Second Empire ad absurdum und versetzt die feine Gesellschaft in Erstaunen, der Auftritt als Herzdame markiert ihre Rolle als Favoritin des Kaisers Napoleon III., und in der historisierenden Rolle der Königin von Etrurien manifestiert sich ihre toskanische Herkunft und Abstammung von hohen Adelsgeschlechtern.

Montesquiou lässt zeitgenössische Stimmen zu Wort kommen, etwa die des Maître Cléry oder der Impresaria im Hôtel Mayendorff, und gibt uns so einen Einblick in die Art, wie die Person der Gräfin und ihr Agieren in der Gesellschaft des Second Empire wahrgenommen wurde.

* Montesquiou, Robert de, *La Divine Comtesse. Étude d'après Madame de Castiglione*, Manzi, Joyant & Cie, Paris 1913, Kapitel v., »Les Trois Costumes«, S. 76–89.

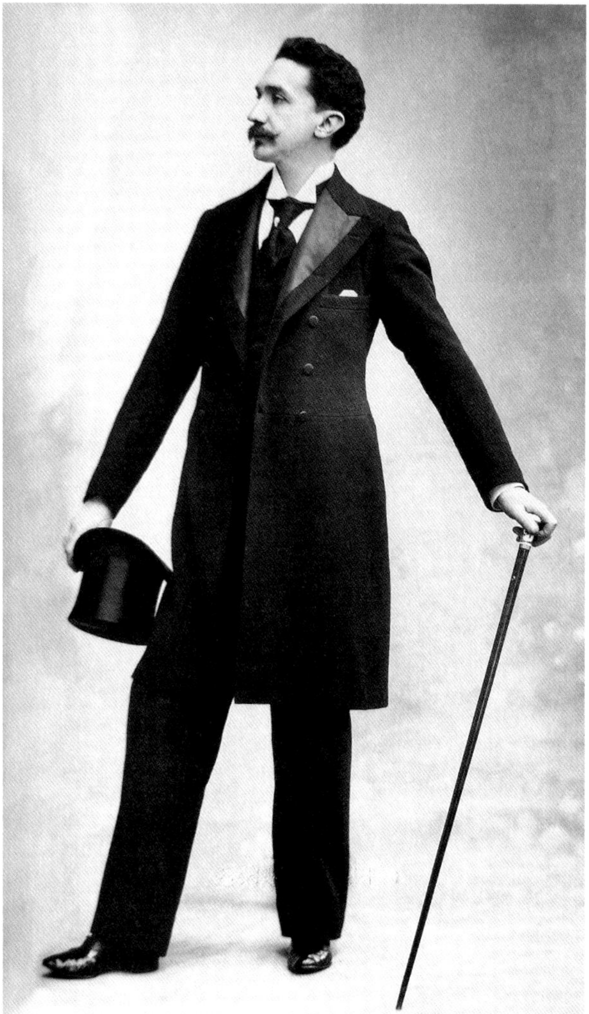

ABB. 29
Paul Nadar, *Robert de Montesquiou*, 1895

Robert de Montesquiou
Die drei Kostüme

Kapitel V aus: *La Divine Comtesse*

Ich habe bereits gesagt, weshalb ich mich entschieden habe, diese drei Kostüme gesondert zu behandeln; sie haben für Gesprächsstoff gesorgt, sogar manchen Skandal ausgelöst, wenn auch unverdient; es handelt sich um eine kleine Rückschau, die aber ziemlich bedeutsam ist für die Geschichte unserer Wunderbaren. Wir schulden es ihr und müssen alle Dinge und Belege zusammentragen, um sie letztgültig zu bewerten.

Zur ersten ihrer Verkleidungen lassen wir noch einmal Maître Cléry zu Wort kommen: »Sie trug ein sehr strenges Kostüm, das vollkommen züchtig war, es war das der *Königin von Etrurien*. Sie wollte, dass es in Erinnerung blieb, und ließ durch Carrier-Belleuse eine Statuette anfertigen, die sie in diesem Gewand zeigt. Mir sind zwei Exemplare davon bekannt, eines schenkte sie dem Duc d'Aumale, das andere mir. Auf den Sockel des letzteren hat sie mit Bleistift in ihrer großen Handschrift, von der mir ein ganzer Band vorliegt, geschrieben: ›Kostüm, das ich zum Ball in den Tuilerien getragen habe.‹«

An der Wahrhaftigkeit von Maître Cléry ist kein Zweifel anzumelden, dennoch muss er ja nicht so weit gehen, alles zu enthüllen, und ich erinnere mich sehr gut, auf selbigem Sockel zu selbiger Statuette Folgendes gelesen zu haben: »Für Maître Cléry, meinen Verteidiger gegen die Legende von Nacktheit.« Der Verteidiger hat seine Rolle bis in den Tod beibehalten; umso beredter sind seine Aussagen.

Ich habe diesbezüglich nur einen Widerspruch wahrgenommen, von dem ich bereitwillig zu versichern eile, dass er das Plädoyer keineswegs erschüttert. Immerhin betrifft es eine Frau, die weiß, was Gerede bedeutet, als Frau an sich und als geistreiche Frau obendrein, die in diesen Tagen sehr berühmt war. Was heißt, dass sie das *distinguo* bereitwillig zulässt. »Diejenigen, die behaupten, sie sei anständig, irren nicht …«, schloss meine Gesprächspartnerin, und fügte hinzu: »Und diejenigen, die behaupten, sie sei es nicht gewesen, haben auch Recht.« Und als ich sie um eine Erklärung für diese Sphinx-artige Antwort bat, gab sie mir zu verstehen, dass die Tuniken recht weit geschnitten und keineswegs eng anliegend waren, sodass die Trägerin derselben ganz nach ihrem Wunsch und wie es ihr gefiel, indem sie sich bückte oder aufrichtete, tiefe und lange Einblicke gewähren oder aber seidene Schranken für die Blicke errichten konnte. Ich neige dazu, dieser Lesart zuzustimmen.

Was allerdings als absolut gesichert gilt, ist, dass das Kostüm ziemlich hässlich war, schwarz, rot und golden, auf ärmliche Art teuflisch. Der Schmuck, den ich aufbewahrt habe, pyramidenförmige Gehänge nach griechischer Manier, ist eher aufwendig für einen Theaterschmuck; und dennoch kann ich unter den zahllosen Ausfertigungen der *Ars Vestiaria*, die unsere Zauberin intensivst betrieb, kaum ein weniger gelungenes und passendes Beispiel ausmachen als diese purpurne Tunika, die von der modischen Krinoline kaum geformt wird, und dieses Peplum, das einen guten Schneider wohl nur von Weitem gesehen hat.

Auch diese Kreation gibt es als Portrait. Es zeugt von Schamhaftigkeit, allerdings nicht von der Schönheit dieses zweigeteilten Entwurfs. Der Fuß wurde separat fotografiert, dieser Fuß, den sie so eitel zeigte und den wir weiter unten abgeformt sehen werden. Diese Fotografie hat nichts Attraktives an sich: üble Kothurne auf einem hässlichen Hocker. Natürlich war sie in natura schöner. Außer den Abformungen gibt es nichts Gelungenes in diesen Reproduktionen von Beinen und Armen. Ich habe keine Fotografie gefunden, die nur die Hand zeigt.

Bezüglich der Statuette unterliegt Maître Cléry einem unfreiwilligen Irrtum. Neben den beiden genannten Exemplaren ist mir zusätzlich zu meiner, aus Ton, noch die bekannt, die Madame Greffulhe beim Verkauf zurückgekauft hat, sie ist weiß, mit Goldverzierungen.

Das Kostüm der *Herzdame*, das, wie es heißt, der Schauspieler Mario zusammengestellt hat, ist komplizierter, und zudem ist es deutlich angenehmer anzusehen. Schon seine Farben sind erfreulicher: weiß, eingefasst mit grünen und goldenen Satinbändern, von denen sich aneinandergereihte rote Samtherzen abheben. Diese Herzen werden an allen möglichen Stellen wieder aufgegriffen, als Strahlenkranz, Halskette, Brosche, Armband,

Fächer, ja sogar auf den Schuhen, wo sie als Schnallen fungieren. Außerdem gibt es Blumenketten und Ringketten, all das bewirkt eine simple Allegorie, eine wenig tiefgehende Symbolik, ein zweifelhaftes Schmuckwerk, doch muss es zur damaligen Zeit ziemlich schön einerseits und ziemlich verurteilenswert andererseits gewirkt haben.

Über dieses Kostüm soll die Kaiserin den Chroniken von damals zufolge einen sozusagen kritischen Satz geäußert haben, der jedoch eigentlich kaum kritisch ist: »Das Herz ist ein wenig tief …«, habe die Herrscherin gesagt. Ich verstehe es so, dass sie sagen wollte: dasjenige, das man nicht sah, das Herz der Dame. Das wäre zunächst einmal nicht wahr, sie war hochherzig; andererseits sollten Dinge beim Namen genannt werden, sie durften aber keine direkten Unhöflichkeiten enthalten, schon gar nicht Gästen gegenüber, sondern allenfalls getarnte Anspielungen. Nun fragt man sich, auf welches dieser deutlich sichtbaren Herzen eine Person ganz klar und ohne Rücksichtnahme anspielen konnte, die ihren Ärger, um nicht zu sagen ihren Groll, zum Ausdruck bringen wollte. Die Herzen waren überall am Kostüm angebracht, es war regelrecht damit übersät.[1] Und so kam es, dass der Satz, der eigentlich recht schön hätte wirken können, wenn nur ein gesticktes Herz auf dem Kleid gewesen wäre, wirr und ohne großen Nachhall blieb.

Wie ich höre, leugnet ihn die Überlebende der beiden, zumindest erinnert sie sich nicht. Das ist sicher auch am besten so.

Die *Eremitin von Passy* haben wir, ziemlich entstellt übrigens, in der Chronik der Leserin auftauchen sehen. Auch finden wir sie, wahrscheinlich besser beschrieben, im Bericht von Mademoiselle de la Pagerie. Wie hätte die Verstorbene, hätte sie es noch erlebt, diese neue Version ihres Auftritts aufgenommen? Wir versuchen uns das zu vergegenwärtigen.

Bei diesen Erinnerungen handelt es sich um das Gefasel einer alten Jungfer. Ich werde mich hüten, sie zur Gänze zu lesen, aber in dem Bereich, der mich berührt, hat ihr mittelmäßiger Beitrag nicht einmal den Wert eines Zeitzeugnisses, *de visu* und *de auditu*.

Wir erinnern uns, dass es sich um Tableaux vivants, lebende Bilder, handelt, die Menschen von Welt erstellt haben, um ein Werk zu schaffen. Nebenbei sei gesagt, dass Madame de Castiglione nur dieses eine Mal in einem derartigen Zusammenhang auftritt. Diejenigen, die das Gegenteil behaupten, irren; sie halten für lebende Bilder, was in Wirklichkeit ganz einfache Alltagsposen sind. Das Leben dieser Frau war ein großes Tableau vivant, das immerwährende Tableau vivant.

Die Erzählerin verfällt in der Zeit auf die Idee – und dabei ist durchaus eine gewisse List im Spiel –, dass ein kleiner Skandal nützlich sein könnte, für einen »guten Zweck«; aber das hätte es gar nicht gebraucht.

So oft war gesagt worden, dass ihr Kostüm beim Ball in den Tuilerien unanständig war – was reine Bosheit war –, dass ich ihr riet, es noch einmal zu tragen, um den Boshaften nachzuweisen, dass sie Lügner waren. Sie schien meine Idee ausgezeichnet zu finden, und ich fand sie perfekt, damit wir Eintrittskarten verkaufen konnten.

In der Zwischenzeit denkt die Besuchte weiter über meinen Rat nach und findet ihn anhaltend gut, so gut, dass sie ihn noch direkter umsetzt, was allerdings den allgemeinen Geschmack weniger trifft.

Kommen wir auf den dürftigen Bericht zurück:

Ein Rückschlag hat uns ereilt, die schöne Castiglione hatte erklärt, sie wolle erst am dritten Tag erscheinen, und zudem machte sie es zur Bedingung, dass man ihr als Kulisse eine Grotte zur Verfügung stelle.

Große Debatte zum Thema im Komitee und eine große Diskussion: Die Meinungen sind geteilt … Ich persönlich stimme dafür, dass man ihr zugesteht, was sie sich wünscht, dass man sogar darüber hinausgeht, und so geschah es …

Der Erfolg des dritten Abends versprach noch größer zu werden, wegen der schönen Castiglione. Alle waren extrem gespannt, die so viel bewunderte Schönheit zu sehen, die viele nur aufgrund des Ruhmes kannten, der ihr vorauseilte.

Sie selbst traf ihrer Zusage entsprechend im Hôtel Meyendorff [sic] *ein; doch sie bat um ein Zimmer, sagte, es gehe ihr sehr schlecht. Die Zimmerdame hatte ihr ihres überlassen* (1), *in dem sich Madame eingeschlossen und geweigert hatte, jemanden zu sehen, und aus dem sie erst herauszutreten gedächte, wenn sie ihren Platz im Tableau einnähme.*

Ich für meinen Teil wundere mich nicht über ihre Launen, halte mich streng an ihre Wünsche und versuche nicht einmal, sie zu sehen … Schließlich naht der Augenblick ihres Auftritts …

Man sieht sie aus ihrem Verschlag kommen (2), in schwarzen Crêpe gehüllt und offenkundig schlechter Laune (3); auf ihrem Weg will sie niemandem begegnen. Die Grotte war ihr natürlich zugestanden worden, und man nahm an, die Schöne würde sie nutzen, um sich als Druidin zu präsentieren; daher war die Spannung im Saal auf dem Höhepunkt: Blicke bohrten sich in den Vorhang, der sie noch verbarg, und sie ließ lange auf sich warten. Hatte sie den Wunsch zu fliehen? Was weiß ich schon? Der Feuerwehrmann vom Dienst kam nicht umhin, sie reichlich kapriziös zu finden (4).

Endlich entschließt sie sich. Der Vorhang geht auf. Und Verblüffung, Enttäuschung machen sich überall breit. Die Schöne der Schönen, die Erwartete, Ersehnte ist da, in der Grotte, unter einem Eremitenkostüm, das sie von Kopf bis Fuß verbirgt. Und ein Papierschild ist über ihrem Kopf befestigt, auf dem »Eremitage von Passy« steht.

Das Erstaunen, sie so zu sehen, ist so groß, dass die Zuschauer ein unzufriedenes Murmeln nicht zurückhalten können. Sogar ein Pfiff ertönte. Die Schöne entzieht sich daraufhin, wirft auf ihrem Weg alles um und zerreißt ihr Gewand; sie steigt in den Wagen und verschwindet, nachdem sie im Vorbeigehen folgende Worte ausgestoßen hat: »Sie sind niederträchtig!«

Man kann gut verstehen, dass ein derartiger Vorfall zu Diskussionen geführt hat; jeder hatte etwas beizutragen, äußerte seine Vermutungen. Hier die Version, die mir erzählt wurde und die ich für die mit dem größten Wahrheitsgehalt erachte.

Es scheint, als habe Madame de Castiglione in den voran-

gegangenen Tagen eine Menge anonymer Briefe erhalten und als sei darunter einer gewesen, dessen Absender sich an der Vorstellung ergötzte, sie als Quelle von Ingres zu sehen, das berühmte Bild, das ein nacktes junges Mädchen zeigt, die Füße im Schilf und mit einem Krug, den sie schräg hält, sodass das Wasser sie benetzt.

Die Schöne hatte ein ganz einfaches Mittel zur Hand, um die Schandmäuler zum Schweigen zu bringen, es bestand darin, ganz fröhlich drei Tage lang in einem alles bedeckenden Kostüm zu posieren (5)*; aber es war nicht nötig, dieses Schild mit seiner armseligen Wirkung anzubringen, und ich möchte hinzufügen, dass es für uns charmanter gewesen wäre* (6)*, wenn sie nicht diese Gelegenheit gewählt hätte, den Leuten eine derartige Lektion zu erteilen.*

Ist es nicht seltsam, jetzt, für andere Leute, die sich für die Persönlichkeit interessieren, *ihre Meinung* zu kennen (die ihren ordentlichen Preis hat und ihr Gewicht, nicht wahr?). Diesen Dienst werde ich meinen Lesern erbringen, diesen hoch bedeutenden, unerhörten Beitrag leiste ich für sie. Ich habe ihn, von der Hand des Modells verfasst, hinter einer Fotografie des berühmten Kostüms gefunden:

Das ist genau das Kostüm in fester Pose, eine Dreiviertelstunde angesichts eines Theaterpublikums in Aufruhr, das mich ausbuht, auspfeift, Äpfel, Birnen (oder Steine) [wirft][2]*, weil ich seit sechs Monaten als* Quelle *von Ingres in Duchatel auftreten* sollte.

Und die Armen, die Verletzten haben an diesem Abend mit 40-

bis 50.000 Francs profitiert, durch einen einzigen Auftritt (?) – bei dem ich allein das Theater für einen Preis von 300, 200 oder 100 Franc pro Platz gefüllt habe.

Es war schwer, ernste Miene zu bewahren, keine Braue hochzuziehen und diesem unehrlichen und derben Publikum nicht den Gürtel von Schwester Élize hinzuwerfen, damit es sich daran aufhängen möge.

Habemus confitentem. Dieses Stück Papier bringt Licht ins Dunkel der Debatte, und ich wiederhole, natürlich nur für die, die es interessiert: Ich weiß, dass die Diskussion ernsthafte Menschen seit vierzig Jahren umtreibt – sie werden von La Rochefoucauld sehr rüde behandelt –, während sich andere nicht darum kümmern, weil sie die Interessierten der Kinderei beschuldigen. Die Castiglione war und bleibt *in ihrer Art ein einzigartiger Typ Frau*; diejenigen, die sich für sie interessieren, werden bei jeglichem Versuch scheitern, ein ähnliches Phänomen zu finden, möge man ihnen also nachsehen, dass sie auf den Dingen bestehen, die sie von ihr zu wissen glauben, und das mit einer Akribie, die umso verzeihlicher ist, als man ohne Not darauf verzichten kann, ihren Ansichten zu folgen.

Ich wiederhole also: Dieses Stück Papier bringt Licht ins Dunkel der Debatte. Die historische Wahrheit ist auch auf einem so kleinen und begrenzten Feld so schwierig zu ermitteln, dass man selbst nach wiederholter Lektüre von zwei Zeugenberichten, die freilich eher dem Tratsch als der Geschichtsschreibung verpflichtet sind, immer noch nicht weiß, ob die Gesichtszüge der weiblichen Einsiedlerin nun sichtbar waren oder nicht. Und der Verfasser, der für Aufklärung sorgen will, trägt zur Verdunklung bei, indem er am Rand des Textes, in dem von einer »zurückgeschlagenen Kapuze« die Rede ist, die »das Gesicht versteckt«, das Wort *Gesicht* durch *alles* ersetzt.

Doch genau hier entscheidet sich die Frage für unseren Hamlet unter der Flügelhaube. Wenn Madame de Castiglione – zu Recht – das Bedürfnis verspürte, den aufdringlichen Parisern, die sie nackt sehen wollten, eine Lektion zu erteilen, wenn sie als Nonne vor sie hintritt und ihnen ihr von einem einfachen Tuch umhülltes schönes Gesicht zeigt anstelle dessen, was sie zu sehen wünschten – sich das zu wünschen kann man ebenso als gutes Recht der Zuschauer bezeichnen –, so handelt die Castiglione als Frau mit Esprit, die sie nach meiner festen Überzeugung wirklich war, den Umständen entsprechend geschickt. – Wenn sie ihnen dagegen lediglich den braunen Wollstoff vor Augen führt, dann verhält sie sich ungebührlich und man kann ihr Vorwürfe machen, die auch die Pfiffe rechtfertigen.

Die erste von beiden Möglichkeiten ist und bleibt sicherlich diejenige, die sie plante. Wenn sie sie dann doch nicht ausgeführt haben sollte, so geschah das in einem Augenblick der Wut und damit getrübter Zurechnungsfähigkeit. Ich glaube das nicht, ich sage es noch einmal, dieses Stück Papier erscheint mir verbindlich. Sie sagt von dem Portrait, das ihr Gesicht perfekt und gänzlich enthüllt zeigt: »Das ist das *genaue* Portrait …«– Und weiter unten fügt sie hinzu: Es war schwer, *ernste Miene* zu bewahren, *keine Braue hochzuziehen …*«– Ich frage Sie im Ernst, welche

Bedeutung es gehabt haben soll, ernst zu bleiben und nicht Jupiter *supercilio moventem* zu imitieren, während sie in einer kerzenlöscherförmigen Flanell-Kutte auftritt. Warum hätte sie unter diesen Umständen die Zuschauer mit »Sie sind niederträchtig!« angefaucht? Sie war durchaus einesteils ziemlich spirituell, andererseits sehr achtsam, konnte gut genug zwischen *dein* und *mein* unterscheiden, um zu wissen, dass die Menschen, wenn sie vollkommen ihrer Erwartungen beraubt werden, klare Worte finden.

Nein. Das Wort *alles*, das sie angesichts des Geschwätzes der Leserin notiert hat, bringt nur einen Wunsch zum Ausdruck, wenngleich ein wenig verlogen, aber umso spontaner, nämlich den, zu widersprechen, sich zu rechtfertigen; doch es gibt keine *Tatsachen* wieder.

Was das Übrige anbelangt, so darf man noch die Zweifel des alten Freundes an der Ehrlichkeit der Frauen anmelden: Die Dreiviertelstunde ist keine *genauere* Angabe als die erwähnten Äpfel und Steine, die 50.000 Erlös, und die 300 *poltrone*[3]. (Alles wird ein wenig kleiner ausgefallen sein.)

Nicht kleiner ausgefallen ist, wie ich höre, die Schönheit dessen, was den Zuschauern im Hôtel Meyendorff geboten wurde. Denen, die zu sehen wussten; gab es damals Anmut? Folgendes scheint das zu belegen.

So sehr ich mich bemühe, ich kann mich nicht erinnern, woher ich den Bericht einer Augenzeugin habe, den ich in diesem großen Dossier hier finde. Ein doppeltes Blatt Briefpapier, im Format so, wie es vor den inzwischen frei erfundenen Formaten üblich war, ein ehrliches, glattes, weißes Papier, ein wenig vergilbt. Die Schrift scheint von einer Frau zu stammen. Die Überschrift lautet: »Notiz über Madame de Castiglione.« Die Notiz bezieht sich auf das berühmte Tableau vivant, und es heißt da:

Madame la Comtessa de Castiglione, auf deren Anwesenheit man nur hoffen konnte, da sie nicht offiziell zugesagt worden war, zeigte nur den Umriss ihres Gesichts, wohingegen sie unter einer Kapuze und unter den Falten eines langen Gewandes aus braunem Wollstoff sorgfältig alle Herrlichkeiten verbarg, die zu sehen alle gekommen waren.

Madame de Castiglione wollte diesen Menschen sicherlich eine Lektion in Takt und Diskretion erteilen. Jenen, die sie beneiden, die sie einerseits zu allen ihren Treffen einladen, die aber allermeistens nichts als Worte voll ungerechter und böswilliger Eifersucht für sie übrig haben.

Man hatte Madame de Castiglione angefleht, in den Tableaux vivants aufzutreten, hatte ihr gesagt, dass allein die Hoffnung, sie darin auftauchen zu sehen, den Armen einen stattlichen Erlös garantierte. Man hat mit all dem Gerede spekuliert, das seit einigen Jahren um sie herum entstanden war, insbesondere in diesem Winter. Madame Castiglione ist nicht in die Falle getappt; sie wollte den Waisenkindern vom Œuvre de Saint-Joseph den Vorteil nicht vorenthalten, den sie aus ihrem Entgegenkommen ziehen würden; doch zugleich hat sie exquisiten Geschmack bewiesen, indem sie die Neugier da, wo sie ihr übertrieben erschien, enttäuschte. Die Lektion wäre perfekt gewesen, wenn der Techni-

ker, statt den Vorhang nicht einmal sechs Sekunden offen zu halten, dem Publikum Zeit gelassen hätte, die schöne Eremitin von Passy in Ruhe zu betrachten, und wenn sich das Publikum nicht folglich mit einem gewissen Recht über einen so kurzen Auftritt hätte beklagen können; das wurde Madame de Castiglione zugeschrieben, die daran aber ganz unschuldig war.

Das klingt ganz nach der Stimme der Wahrheit, die umso überzeugender ist, als sie aus berufener Quelle ertönt.[4] Wohlwollen und Sympathie sind spürbar, aber auch Gerechtigkeitsempfinden, denn die Sicht des Publikums findet ebenfalls Erwähnung. Wenn man das Wort *Lektion* und das Wort *angefleht* liest, ist man geneigt zu glauben, dass die Eremitin selbst neben ihrer wuterfüllten schriftlichen Bemerkung ihren Teil zu dieser erhellenden Berichterstattung beigetragen hätte. Aber nein, sie würde toben; das Vorliegende dagegen zeugt von Ruhe. Andererseits ist ein Punkt gesichert, nämlich das entblößte Gesicht; und dieser Aspekt ist schön genug, um diejenigen in Verwirrung zu stürzen, die es gewagt haben, gegen die herablassende Aufklärung der Situation ihre Stimme zu erheben.

Die faszinierendste Reproduktion dieses Augenblicks voller Leuchtkraft ist mir auf einzigartige Weise in die Hände gefallen. Ich habe ja bereits berichtet, wie ich durch Zufall in den Besitz eines ersten Portraits der Comtessa gekommen bin. Auch die Statuette von Carrier schien dazu bestimmt, mir zu gehören. Eines Tages betrat ich ohne besonderen Grund ein Geschäft und ging direkt zu einem Abholtresen, an dessen Rückwand die *Königin von Etrurien* schlummerte oder besser: wachte. Aus heutiger Sicht betrachtet ein Zufall; sie führt uns an den Ausgangspunkt zurück, es folgten weitere Ankäufe.

Zur Zeit ihres Aufenthalts in Passy ging die Schöne, was damals Annehmlichkeit und ästhetische Erbauung mit sich brachte, im Eckhaus der Rue Raynouard ein und aus, bei meinen Cousinen, den Damen Delessert und Odier, beide geborene de Laborde, sowie bei Édouard Delessert und Comtesse de Nadaillac, Sohn und Tochter der Ersteren. Zu Madame de Nadaillac kam sie zum Diner, und Madame Odier, die ganz hübsch malte, beendet einen Brief an eine Freundin mit folgenden Worten: »Sie war zu schön, als dass man daran hätte denken können, sie *ungefähr* abzubilden, und ich war nie zu mehr in der Lage als zu *Ungefährem*. – Wir haben sie oft in Passy zu Besuch gehabt, und sie hat sich an unserer Bewunderung erfreut. Sie ist nicht sehr unterhaltsam.«

Dieselbe Person sagte zu mir: »Sie traute mir nicht; ich war oft hinter ihr, wenn wir zu Tisch gingen, und sie fürchtete sich vor meinen Bemerkungen zu ihren geschlitzten Röcken.«

Édouard Delessert dagegen war von ihrer Schönheit in Bann geschlagen; da er fotografierte und ein Meister darin war, gab es gemeinsame Sitzungen.

Er starb erst viel später. Es kam zu einem Verkauf; er fand im Hôtel Drouot statt. Eine Ausstellung im Haus des Verstorbenen war vorangegangen. Ich konnte leider nicht dabei sein und kam ein paar Tage später hin, um mich beim Wachpersonal nach weiteren Versteigerungen zu erkundigen. Es gab dort einige alte Diener, die mir sagten, dass alles verschwunden sei, was ich zu sehen wünschte, wirklich alles … bis auf ein Objekt, für das sich keiner interessiere, weder nützlich noch schön, das man ihnen dagelassen hatte, weil keiner wusste, was er damit anfangen sollte, eine Aufnahme der Comtessa de Castiglione als Nonne. Die guten Leute hatten keine Ahnung, welchen Preis sie dafür aufrufen sollten, und boten an, es mir einfach zu überlassen; damit machten sie mir das schönste Geschenk, das ich je in meinem Leben bekommen habe.

Den Beweis, den dieser verloren geglaubte Abzug liefert, habe ich nun also mit so großem zeitlichem Abstand zum Tableau vivant des Zweiten Kaiserreichs vor mir liegen! Diese fingierte Nonne aus unserem Vorstadt-Viertel – ich zweifle, dass je etwas Bewegenderes die Begeisterung der Menschen ausgelöst hat.

Der Mund zeigt das besiegte Lächeln; die Nase vervollständigt die Linie; die Stirn, ein verhüllter Vorplatz; die Augen, von unergründlicher, schwindelerregender Tiefe; die Brauen, ein Schwalbenflug über den Wassern, von denen sie weiß, dass, wer dort versinkt, dem Tod geweiht ist!

Aus dem Französischen von Michaela Angermair

Anmerkungen

(1) Das war wenig! Weniger Stil kann man nicht zeigen.
(2) Hätte man ihr nicht Besseres anbieten können?
(3) Das war offenkundig.
(4) Ist das nicht ein bewunderungswürdiger Zug seitens der Organisatorin? Zunächst die Kammerfrau zur Begrüßung; dann der Feuerwehrmann als Kritiker; und Sie selbst währenddessen abwesend! Sie, mein Fräulein, hätte der Feuerwehrmann kritisieren müssen. Sie verdienen den Ärger, den sie haben.
(5) Das erleichterte natürlich die Abrechnung, entsprach ganz und gar nicht ihrem Charakter.
(6) *Charmanter* wäre es gewesen, das Zimmer der Hausherrin zur Verfügung zu stellen statt das der Bediensteten.

Anmerkungen der Übersetzerin

[1] Das Original »comme des muscades de Boileau« bezieht sich auf ein Zitat des Autors und Satirikers Nicolas Boileau-Despréaux (1636–1711): »Aimez-vous la muscade? On en a mis partout.«, »Mögen Sie Muskat? Wir haben ihn überall verteilt.«

[2] Das Verb fehlt im Originaltext.

[3] *poltrone* ist doppeldeutig und kann für »Faulpelz« und für »Sessel« stehen.

[4] Im Original: »pour sortir d'un puits«, bezieht sich auf die Redensart »La vérité est au fond d'un puits«, auf Deutsch: »Die Wahrheit liegt am Grund des Brunnens«.

Biografische Daten

22. MÄRZ 1837: Virginia Oldoini wird als Tochter von Filippo Marquis Oldoini (1817–1889), Diplomat und Spross einer alten italienischen Adelsfamilie in La Spezia, und dessen Frau Isabella, geborene Lamporecchi (1820–1872), Tochter eines berühmten Florentiner Juristen, in Florenz geboren.

9. JANUAR 1854: Virginia Oldoini heiratet in Florenz den Grafen Francesco Verasis di Castiglione (1826–1867), einen Adjutanten von Vittorio Emanuele II. von Savoyen, König von Sardinien-Piemont. Das Paar präsentiert sich ihm am 28. Januar 1854 am Hof von Turin.

9. MÄRZ 1855: Geburt des einzigen Sohnes Giorgio.

25. DEZEMBER 1855: Der Graf und die Gräfin di Castiglione treffen in Paris ein. Sie beziehen eine Wohnung in der Rue di Castiglione 10. Der offizielle Anlass für ihren Aufenthalt in Paris ist der Besuch bei Graf Alexander Walewski und seiner Gemahlin Maria Anna Walewska, einer Cousine der Contessa. Graf Walewski, ein Cousin Napoleons III., steht in den Diensten des Auswärtigen Amts. Der eigentliche Grund für die Paris-Reise aber ist ein Hilfegesuch des Premierministers von Vittorio Emanuele II., Camillo Cavour. In seinem Streben, Italien in der Folge des Krimkrieges, in dem Italien an der Seite Frankreichs gegen Russland gekämpft hatte, unter der Krone Savoyens zu vereinigen, erhofft er sich Unterstützung von der Contessa di Castiglione.

9. JANUAR 1856: Die Contessa wird anlässlich eines Balls, den Prinzessin Mathilde, Cousine des Kaisers, in ihrer Residenz in der Rue de Courcelles 24 gibt, Napoleon III. und seiner Gemahlin Kaiserin Eugénie vorgestellt.

5. FEBRUAR 1856: Die Liaison zwischen Kaiser Napoleon III. und der Contessa beginnt auf dem Mardi Gras-Ball, den die Gräfin Le Hon am Rond-Point des Champs Elysées gibt.

27. JUNI 1856: Auf einem Gartenfest im Château de Villeneuve-l'Étang, das Napoleon III. zu Ehren der Herzogin Stephanie von Baden veran-staltet, löst das mehrstündige Verschwinden des Kaisers zusammen mit der Contessa di Castiglione große Empörung unter den Gästen aus. Offenbar zeigt Kaiserin Eugénie nicht den leisesten Anflug von Ärger.

JULI 1856: Die Contessa besucht zum ersten Mal das Fotoatelier von Mayer & Pierson.

17. FEBRUAR 1857: Sie erscheint auf dem Ball der Walewskis im Auswärtigen Amt im Kostüm der *Herzkönigin*.

27. FEBRUAR 1857: Auf dem Mardi Gras-Ball von Prinzessin Mathilde trägt sie ein Ballkleid im Stil des Ancien Régime, eine Reverenz an Marie Antoinette: eine opulente, blau-weiße Robe mit feiner Spitze und Krinoline, dazu eine üppige, gepuderte Haartracht.

26. MAI 1857: Graf und Gräfin di Castiglione trennen sich. Francesco Verasis di Castiglione steht angesichts der kostspieligen Eskapaden seiner Gattin kurz vor dem Ruin.

1. JULI 1857: Die Castiglione reist nach London und ist zu Besuch bei Lord und Lady Holland in Holland House. Anlässlich dieses Aufenthalts entsteht eines der seltenen gemalten Portraits der Contessa von George Frederic Watts.

1858: Die Gräfin kehrt nach Italien zurück, nicht aber zu ihrem Ehemann.

1859–61: Gemeinsam mit ihrem Sohn Giorgio lebt sie in der Villa Gloria bei Turin.

1861: Rückkehr nach Paris. Sie bewohnt mit ihrem Sohn ein Haus in Passy, damals ein Vorort von Paris, in der Rue Nicolo 51. Zu ihren Nachbarn zählen der Arzt Dr. Antoine-Émile Blanche und der Fotograf Pierre-Louis Pierson. Zu beiden pflegt sie eine lebenslange Freundschaft.

14. März 1861: Vittorio Emanuele II. proklamiert das Königreich Italien. Nachdem Frankreich das Piemont 1859 im Kampf gegen die Österreicher unterstützt hatte, kann Italien nun unter piemontesischer Flagge mit Ausnahme des Venetos und Roms vereint werden. Florenz wird zur Hauptstadt des neuen Königreichs ernannt.

12. Januar 1863: Die Contessa beginnt eine Liaison mit dem Bankier Ignace Bauer. Von dem Bankier Charles Lafitte leiht sie sich in diesem Jahr die stolze Summe von 450.000 Francs.

9. Februar 1863: Zum ersten Mal nach ihrer Rückkehr nach Paris erhält sie eine Einladung zu einem Kostümball in den Tuilerien. Sie tritt in dem historischen Kostüm der *Königin von Etrurien* auf.

16. April 1863: Anlässlich eines Wohltätigkeitsballs im Hôtel Meyendorff in der Rue Barbet de Jouy 20, tritt sie in einem Tableau vivant unter dem Motto »Eremitin von Passy« im Nonnenkostüm auf.

26. Februar 1865: Der Bankier Ignace Bauer, dessen Heiratsantrag die Castiglione abgelehnt hat, heiratet eine andere Dame der Gesellschaft.

1. April 1867: In Paris eröffnet die Weltausstellung. Pierre-Louis Pierson stellt im französischen Pavillon in der Sektion für Fotografie die Aufnahme der Contessa als Herzkönigin aus. Die Castiglione besucht die Ausstellung.

31. MAI 1867: Francesco Verasis di Castiglione stirbt unerwartet in Stupinigi.

JUNI 1867: Die Contessa beginnt eine bis zu ihrem Tod bestehende Freundschaft und Korrespondenz mit General Louis Estancelin (1823–1906), dem Politiker, Orleanisten und Stellvertreter für das Departement Seine-Maritime.

1868: Die Gräfin pflegt eine Liaison zu dem Schriftsteller und Diplomaten Baron Arthur-Léon Imbert de Saint-Amand.

1870–72: Die Zeit der Belagerung Frankreichs durch die Preußen verbringt die Castiglione in Florenz. Sie steht in engem Kontakt zu Louis Adolphe Thiers, dem ersten Staatspräsidenten der République française. Ihre Verbindungen in Deutschland verhelfen ihm zu einer Kontaktaufnahme mit Otto von Bismarck.

JUNI 1872: Zurück in Paris, residiert sie im Hôtel de L'Alma in der Rue Saint-Arnaud 11.

9. MÄRZ 1872: Die Mutter der Contessa, Marquise Oldoini, stirbt in La Spezia.

25. NOVEMBER 1873: Giorgio di Castiglione, Sohn der Contessa, flieht mit wichtigen Dokumenten seiner Mutter nach Italien und fordert seinen Anteil am Erbe des Vaters. Erst am 18. Februar 1875 kommt es in Paris zu einer Einigung zwischen Mutter und Sohn. Giorgio kehrt nach Italien zurück und wird im diplomatischen Dienst tätig.

1873–74: Die Castiglione unterhält eine Liebschaft mit Paul Granier de Cassagnac (1842–1904), dem Journalisten und als Politiker Sprecher der Bonapartisten.

18. JUNI 1878: Sie zieht in ein Appartement an der Place Vendôme 26. Diese Wohnung lässt sie mit drei Türen sichern und die Wände schwarz streichen. Jegliche Hand- und Standspiegel verbannt sie aus ihrem Haushalt, denn sie erträgt es nicht, ihrem Alterungsprozess zuzusehen. Der Umzug markiert den Beginn ihres Rückzugs aus der Gesellschaft.

18. NOVEMBER 1878: Ihr Sohn, Giorgio di Castiglione, heiratet in Turin seine Cousine Amalia Asinari di San Marzano.

14. NOVEMBER 1879: Giorgio di Castiglione stirbt in Madrid an den Pocken.

14. JANUAR 1890: Der Vater der Contessa, Marquis Oldoini, stirbt.

1892: Letzte Berichterstattungen über die Contessa di Castiglione in der Boulevardpresse.

15. AUGUST 1893: Dr. Blanche, Nachbar in Passy, Arzt und Vertrauter der Contessa, stirbt.

15. JANUAR 1894: Die Contessa muss aus ihrem Appartement am Place Vendôme ausziehen, da es der Pariser Juwelier Boucheron gekauft hat. Sie zieht in ihre letzte Wohnung in Paris, in die Rue Cambon 14.

28. NOVEMBER 1899: Die Contessa di Castiglione stirbt nach einer langen Phase des Leidens und des totalen Rückzugs. Sie wird in Paris auf dem Friedhof Père-Lachaise beigesetzt. Ihr letzter Wille, zusammen mit ihren beiden Hunden beerdigt zu werden, wird nicht berücksichtigt.

26.–29. JUNI 1901: Der Nachlass der Contessa wird im Hôtel Drouot versteigert. Robert de Montesquoiu (1855–1921) erwirbt über 400 Fotografien sowie zahlreiche Gegenstände aus ihrem persönlichen Besitz.

Heute befindet sich der größte Teil dieses Nachlasses im Metropolitan Museum of Art, New York. Ein umfangreicher Bestand an Glasnegativen aus dem Besitz von Gaston Braun (1845–1928) wird außerdem im Museé d'Unterlinden in Colmar aufbewahrt.

Die biographischen Angaben beziehen sich auf: Apraxine, Pierre und Xavier Demange, *»La Divine Comtesse«. Photographs of the Countess de Castiglione,* Ausst.-Kat. The Metropolitan Museum of Art, Yale University Press, New Haven, London, New York 2000, S. 17–21.

Bildnachweis

bpk / RMN – Grand Palais / Stéphane Maréchalle: Abb. 6; bpk / RMN – Grand Palais; Abb. 24 / Tafel 16; Source gallica.bnf.fr / BnF: Abb. 5, Abb. 19; Département des Estampes et de la Photographie, Bibliothèque nationale de France, Paris: Abb. 1; Digital image courtesy of Getty's Open Content Program: Abb. 21; The Metropolitan Museum of Art, New York / www.metmuseum.org / Gilman Collection, Gift of the Howard Gilman Foundation, 2005: Abb. 7, Abb. 13 / Tafel 1, Tafel 35; The Metropolitan Museum of Art, New York / www.metmuseum.org / David Hunter McAlpin Fund, 1975: Abb. 22 / Tafel 15; The Metropolitan Museum of Art, New York / www.metmuseum.org / David Hunter McAlpin Fund, 1947: Abb. 18 / Tafel 9; Musée national du Château de Compiègne: Abb. 4; Musée d' Unterlinden, Colmar (c) Christian Kempf: Abb. 2 / Tafel 3, Tafel 6, Abb. 9 / Tafel 7, Abb. 10 / Tafel 19, Abb. 11 / Tafel 21, Abb. 12 / Tafel 22, Abb. 14 / Tafel 10, Abb. 15 / Tafel 11, Abb. 16 / Tafel 25, Abb. 20 / Tafel 36, Abb. 25 / Tafel 27, Abb. 26 / Tafel 24, Tafel 17, Tafeln 18– 23, Tafel 26 und Cover, Tafeln 28–34; Musée d' Unterlinden: Abb. 3, Abb. 27; Privatsammlung: Abb. 17; National Gallery of Scotland, Edinburgh / Bequest of Lady Murray of Henderland 1861: Abb. 23; Wikimedia Commons: Abb. 28, Abb. 29; Victoria and Albert Museum, London: Abb. 8.

Lithographie: Bayermedia, München
Druck und Bindung: GPS, Ljubljana

ISBN 978-3-8296-0976-0

Eine Schirmer/Mosel Produktion
www.schirmer-mosel.com